Prison, terre de métamorphose

Père Yves AUBRY

PRISON
TERRE DE MÉTAMORPHOSE

Collection « Les Enfants du Fleuve »
dirigée par Jean-Claude Didelot

FAYARD

« LES ENFANTS DU FLEUVE » :

une collection qui fait connaître l'enfance
et la jeunesse meurtries de notre temps.

(Prix scientifique de la Fondation
pour l'Enfance, nomination 1993.)

*Consulter la liste des ouvrages
de la même collection
en fin de volume.*

Mon père,

Le livre que vous avez écrit — avec les détenus qui en sont l'âme et l'encre — est un acte de foi. On ne dira jamais assez combien l'Évangile nous inspire l'espérance. L'espérance en l'homme créé à l'image et à la ressemblance de Dieu.

Chaque fois que je vais en prison, pour des rencontres, des célébrations, j'en ressors rempli d'humilité. Car derrière chacun de ces visages, il y a des drames. Que serais-je devenu si la société ne m'avait pas donné une famille, des études, une foi chrétienne dont j'ai reçu les pierres angulaires de ma destinée ? Au-delà des erreurs et des fautes, j'aperçois les espoirs de femmes et d'hommes qui témoignent de leur volonté de repartir en vérité.

Les « conversions » rapportées en ce livre sont le fruit du dialogue entre les détenus et un homme de Dieu, elles sont autant de coups frappés à la porte de l'Église ; comme la dernière prière entendue par Jésus sur la croix :

« Souviens-toi de moi quand tu seras dans ton Royaume. » C'était celle du « bon larron ».

Bonne route à tous ceux qui liront ce livre, cette gerbe de résurrection de l'espérance.

Gérard DEFOIS,
évêque de Lille.

le 25 novembre 1998

J'ai vu assez souvent des groupes de huit à dix personnes visiter la prison de Bois-d'Arcy sous la conduite du directeur. C'est une bonne manière de la découvrir et de voir son fonctionnement.

Mais il y a une face cachée, une dimension que les visiteurs ne peuvent percevoir. C'est la réalité, l'intensité et l'ampleur de l'action de Dieu dans les cœurs.

Entrez donc avec moi, voulez-vous, et nous essayerons de découvrir cette autre réalité, en même temps que nous verrons ensemble quelques aspects de la prison.

Le but de ce livre est de mettre sous nos yeux, à travers les témoignages des détenus eux-mêmes, cette réalité cachée qu'est la présence active de Dieu dans la prison.

Il voudrait nous montrer le Christ ressuscité en train de réaliser par lui-même, et à travers ses apôtres d'aujourd'hui, ce pour quoi Il a été envoyé sur la terre et qu'Il a décrit ainsi :

L'Esprit de Dieu est sur moi
Parce qu'Il m'a consacré par l'onction.
Il m'a envoyé porter la bonne nouvelle aux pauvres,
aux captifs, la délivrance,
et aux aveugles, le retour à la vue.

Luc, IV, 18.

— I —

Tu annonceras ma Parole

Tu annonceras ma Parole
à temps, à contretemps,
toujours, à tous, quoi qu'il arrive.
Tu ne chercheras pas de collaborateurs,
Je te les enverrai[1].

1. À temps et à contretemps

Dans le flot des voitures qui conduisent leurs propriétaires vers leurs lieux de travail, je me dirige pour la première fois vers la prison de Bois-d'Arcy. Je viens d'y être nommé aumônier. C'est une prison toute neuve. Un premier groupe de deux cents hommes à peine vient d'y être incarcéré. C'est la paix dans le cœur que je roule vers mon nouveau champ d'apostolat.

1. Voir *Redemptoris Missio*, n°s 21 et 22.

Je sais, bien sûr, parce que j'en ai fait l'expérience et que je vis avec Lui, que Dieu est amour.

Je sais qu'Il est amour extensif, diffusif de soi comme la lumière, l'amour qui veut se répandre, pour apporter la paix, la guérison, la joie.

Je suis donc heureux d'aller vers ma nouvelle mission, d'autant plus que je ne l'ai pas cherchée. Elle m'a été indiquée par l'Esprit Saint. Je n'ai pas eu d'apparition, certes, mais j'y ai été conduit à travers toute une succession d'événements, de signes comme on dit, et finalement envoyé par mon Église.

Tout en roulant vers Bois-d'Arcy, je vois remonter en mon souvenir ce qui s'est passé quelque vingt ans auparavant, lors de ma première mission officielle.

Après mon ordination sacerdotale, j'avais fait deux ans d'études spécialisées dans le domaine social et mon évêque m'avait envoyé à Corbeil en me disant : « C'est une vallée industrielle. La situation y est tendue, les conflits sociaux nombreux. »

Je redoutais un peu cette charge.

Ma toute première visite, en arrivant dans cette ville, avait été pour l'église, où résidait Celui qui m'y avait appelé. Dans un profond silence d'adoration, avec crainte et confiance à la fois, je m'étais abandonné à Lui. C'est alors qu'une voix pleine d'autorité, de puissance et de bonté, s'était fait entendre au fond de moi :

Ne dis pas comme tu viens de le faire :
« Je ne sais pas parler, je ne suis qu'un enfant ! »
Tu iras où je t'enverrai. Tu n'auras peur de personne.
Tu diras ce que je te dirai de dire,
Tu détruiras, tu construiras. Va !

Cette présence s'était imposée et avait envahi à la fois mon cœur et la chapelle où je me trouvais, au point que bien souvent par la suite je devais y revenir en pèlerinage.

J'avais saisi que ces paroles étaient identiques à celles qu'avait entendues le prophète Jérémie, tremblant devant la mission vers laquelle Yahvé l'envoyait.

J'avais su aussi qu'elles m'étaient dites à ce moment-là en dépit de toutes mes limites et tout en répondant : « Oui, Seigneur », je m'étais senti tout petit et j'avais repris : « Oui, Seigneur, puisque c'est Ta puissance qui guidera et réalisera tout cela. »

Silencieuse, mais réelle, était montée une interrogation : « Pourquoi dire : tu détruiras ? Au temps de Jérémie et des rudes batailles de l'Ancien Testament, je comprends, mais depuis Tu es venu sur terre pour y planter ta miséricorde et qu'elle se répande. » Puis une grande paix m'avait envahi, et j'avais deviné que ce mot — « détruire » — annonçait bien des résistances à l'annonce de l'amour et que ce ne serait pas sans combats qu'il me faudrait vivre ma mission.

Tout en m'abandonnant, au volant de ma voiture, à ces souvenirs bien vivants, j'arrive devant la prison de Bois-d'Arcy. Une nouvelle étape commence pour moi.

Je ne vois d'abord qu'un mur d'enceinte de sept mètres de hauteur qui ceinture tout le territoire de la prison sur quelques kilomètres. Il est percé d'un grand portail de fer pour le passage des camions et d'une petite porte flanquée d'une guérite en ciment avec plusieurs surveillants derrière des vitres pare-balles.

Je franchis cette porte plein de paix et de joie. Ne marque-t-elle pas le franchissement d'une nouvelle phase dans la mission reçue ? Je ne me doute pas que dans quelques secondes le Seigneur va intervenir à nouveau pour me la préciser.

Entre l'enceinte et les bâtiments, il y a plus de deux cents mètres de pelouse à parcourir. Tandis que je m'avance, j'imagine les détenus que ces murs tiennent enfermés : des êtres tous différents, chacun avec son histoire, mais combien il doit y avoir de haine en eux, de regrets de tout ce dont ils ont été violemment arrachés, de manques de tous les êtres aimés, de remords qui brûlent, de projets de vengeance qu'on tourne et retourne jour et nuit et qu'on ajuste sans fin.

Et je dis au Seigneur :

« Je le sais. Tu es l'Amour, l'amour qui veut se répandre sur tous les hommes et spécialement sur les plus douloureux, les plus coupables, pour les arracher à leurs malheurs, et les introduire dans Ta paix. N'es-Tu pas la Miséricorde, c'est-à-dire l'amour qui se donne à la misère ? C'est pour leur dire tout cela que Tu m'envoies vers eux, Seigneur, et le leur dire de telle sorte que leur cœur en soit touché et retrouve la paix en ce lieu de peine, qu'ils se relèvent et repartent la main dans la main avec Toi.

« Mais que faire ? par où commencer ? Rien n'est établi. Cette prison vient d'ouvrir. Tout est à inventer. »

Je sais que le Christ Jésus a promis de nous envoyer l'Esprit Saint pour nous conduire, que saint Paul affirme qu'« Il nous a été donné [1] » et que saint Thomas ajoute : « Pour que nous nous en servions et en voyions jaillir les fruits. »

Alors, je me tourne vers cet Esprit Saint, et lui dis : « Conduis-moi pour que soit reçu le message d'amour que Tu m'envoies proclamer en ce lieu de détresse et qu'il porte son fruit de paix ! Conduis-moi, Esprit Saint. Que faut-il faire ? Dis-le-moi, car je ne suis qu'un pauvre homme. »

La réponse ne tarde pas. Elle m'est donnée sous forme d'une parole intérieure [2], comme le soir de mon arrivée sur le lieu de ma première mission.

Elle dit :

Tu annonceras ma parole
à temps, à contretemps,
toujours, à tous, quoi qu'il arrive.

---

1. Épître aux Romains, V, 5.

2. Les paroles intérieures, ce sont de véritables paroles. On ne les entend pas résonner dans nos oreilles. Elles ne font pas vibrer les tympans, elles ne font pas de bruit du tout. Il n'empêche que ces paroles, quand l'Esprit nous les dit, nous les entendons. Ce n'est pas un sentiment que l'on ressent, mais ce sont de vrais mots qui sont dits un par un, comme dans une conversation ordinaire.

Je comprends ce que ces mots signifient. Ils précisent bien ce qui m'est demandé. Je me souviens d'ailleurs du commentaire que saint Augustin en a fait. Tu annonceras ma parole « à temps », c'est-à-dire à ceux qui la demandent, et « à contretemps », c'est-à-dire à ceux qui ne la demandent pas, parce qu'ils en ont encore plus besoin que les autres.

Une autre phrase du Seigneur vient me dire combien je ne dois pas craindre de ne pouvoir accomplir cette mission : « Quand vous passerez en jugement, ne cherchez pas ce que vous aurez à dire, parce que l'Esprit Saint parlera par votre bouche. » Quand on annonce la Parole de Dieu, ne passe-t-on pas en jugement devant ceux à qui on l'annonce ? Ce qui signifie que si l'Esprit Saint parle par notre bouche, notre parole aura la même puissance que la sienne. C'est lui qui éclairera, convaincra à travers nos mots.

Rempli de la confiance que ces mots font monter en moi, j'entre dans le hall d'arrivée en détention. Je regarde autour de moi : partout des grilles, et encore des grilles... Elles sont là, à l'entrée, symbole de la prison qui enferme, comprime, fait violence de tant de manières et étouffe la vie.

Par contraste, je me souviens de cette autre phrase du Seigneur : « Je voudrais que vous ayez la vie ! la vie en abondance ! »

Puis une citation de saint Jean lui succède :

De tout être, Il était la vie.
Il était la Lumière des hommes,
et la lumière luit dans les ténèbres[1].

L'introduire, Lui qui est la lumière et la vie, dans le cœur de ses enfants enfermés en ces lieux de ténèbres, d'écrasement, de désolation et de mort, voilà la mission qu'Il donne à ses aumôniers et qu'Il me demande d'accomplir dans la joie.

Je suis bien décidé à leur dire : « Il est vivant. Il est notre Père. Il n'est qu'amour, que pardon, guérison, tendresse. Il frappe à votre porte. Accueillez-Le, Il vous rendra la vie, la paix. »

Bien convaincu aussi que beaucoup m'écouteront puisque c'est l'Esprit qui m'envoie et qui, parlant par ma bouche, leur rendra la vie. Cette conviction va me donner bien des audaces.

2. Premiers jours en détention

Les premiers jours, personne ne me connaissait. Je circulais à travers les couloirs où je ne voyais évidemment pas âme qui vive, puisque dans une prison cellulaire, tous sont enfermés... en cellule. Cela ne pouvait durer.

Je suis donc allé voir le directeur pour lui demander la permission de réunir quelques détenus.

---

1. Jean, I, 4-5.

« Monsieur l'aumônier, m'a-t-il répondu, je vous autorise à en réunir une quinzaine. »

Je protestai :

« Mais c'est impossible, ils sont déjà quelques centaines et bientôt leur nombre va monter à plus de mille ! »

On a discuté un moment, car cet homme tenait à son chiffre. « Pour votre sécurité », disait-il.

Alors j'ai appelé l'Esprit Saint au secours. Car comment annoncer la Parole du Seigneur sans la possibilité de réunir un auditoire ? Il me fallait obtenir l'autorisation pour un plus grand nombre. J'ai donc accepté la limite de quinze, à condition de pouvoir former autant de groupes de quinze qu'il serait nécessaire pour répondre à la demande des détenus. Le directeur a accepté de ne pas limiter le nombre de groupes.

« Je ne serai pas perdant dans cet accord, a-t-il ajouté, car je vous assure que ces gens-là ne courent pas après le Bon Dieu ! »

Il était content de se débarrasser de moi à si bon compte, mais quelques mois après, mes journées étaient trop courtes pour caser tous les groupes qui s'étaient constitués.

Car je m'étais remis à parcourir les couloirs, mais en demandant cette fois aux surveillants de m'ouvrir les portes. Je suis rentré à droite, à gauche, j'ai parlé, bavardé, j'ai serré des mains, et au bout de deux mois environ, j'avais trois réunions de quinze détenus dans la journée. Peu après, pour accueillir tous ceux qui en faisaient la demande, il m'a fallu obtenir que le directeur, sidéré, autorise un plus grand nombre de participants à chaque rencontre. Progressivement, on est passé à des réunions de vingt, puis de vingt-cinq, de trente et même plus. C'était parti.

Devant un auditoire de gens dans la plus grande souffrance, la plus grande désolation, très jeunes — moins de trente ans en moyenne —, j'annonçais la Parole et célébrais la messe dans un langage de foi chaleureuse. Chaque groupe avait sa rencontre une fois par semaine. Il y avait de plus « les audiences individuelles », comme on dit en détention, qui se déroulaient tout au long du jour. L'Esprit était là. Il tenait ses promesses.

C'est ainsi que j'ai vu sortir de leur angoisse des centaines et des centaines de détenus (et je pèse mes mots) qui disaient alors devant les autres avec presque les mêmes mots : « Depuis que je L'ai rencontré, je suis heureux en prison. »

Bien sûr, cela ne veut pas dire qu'ils n'y souffraient plus, mais que cette souffrance était maintenant apaisée, et même à certains moments par l'étonnante et mystérieuse paix que le Seigneur a promise à ceux qui l'accueillent : « Je vous laisse ma paix, je vous donne ma paix, mais pas comme le monde la donne ! »

Les pages qui suivent n'ont pas d'autre ambition que de vous permettre de lire un bon nombre de récits de cette étonnante découverte du Seigneur ; de constater aussi la place qu'y a tenue l'annonce audacieuse et persévérante de la Parole de Dieu, sans laquelle cette rencontre du Christ et du détenu n'aurait pu, dans la plupart des cas, se produire.

— II —

Remords destructeur et miséricorde

Vous voici maintenant entrés dans la prison, où chaque jour, en début d'après-midi, je traversais une galerie souterraine qui relie les divers bâtiments. C'est là qu'une fois, je vois devant moi un détenu d'une quarantaine d'années, que je connais et qui sort du parloir. Au bout de quelques mètres, je remarque ses épaules qui montent et descendent, non pas au rythme de ses pas, mais à celui de ses sanglots. Rapidement, je le rattrape et mets affectueusement ma main sur son épaule en lui disant :

« Tu pleures ? Pourtant, tu sors du parloir. Qu'est-ce qui s'est passé ? »

Alors, tout en marchant, il me dit : « Ah ! Père, si vous saviez ! Je viens de rencontrer ma mère qui a 85 ans, c'est moi qui la faisais vivre et maintenant que je ne suis plus là, elle vient de me l'avouer, pour manger, elle est obligée de voler dans les grandes surfaces ». (Et dans un sanglot plus fort que les autres) : « C'est de ma faute, c'est de ma faute. »

Vous devinez ce qu'on peut ressentir devant une révélation de cette sorte et combien on mesure l'état de détresse de celui qui vit cela. J'étais bouleversé. Sa souffrance me pénétrait et devenait mienne. En une seconde, au fond de moi, j'avais rejoint l'Esprit Saint afin qu'il parle par ma bouche à cet être si douloureux et le console comme le Christ nous l'avait promis.

Tandis que nous reprenions notre marche dans le long couloir, je lui promis que dès le *lendemain* (mot capital pour un détenu) les groupes de Saint-Vincent de Paul de son quartier, à Paris, seraient avertis pour qu'ils contactent les organismes sociaux qui prendraient en charge sa maman.

« Et mieux encore, ai-je ajouté, eux aussi la prendront en charge jusqu'à ta libération, en allant lui rendre visite avec toute leur amitié et la foi dont elle a tant besoin. »

Cette promesse a provoqué l'arrêt de ses sanglots et a amené un pâle sourire sur son visage. Mais même si cette promesse était tenue, tout était de sa faute. Le *remords destructeur* qui rend insupportable la vie de prison à tant de détenus était là, solidement implanté par l'ennemi. Je voyais clairement qu'il n'y avait pas que la situation de sa mère qui était à régler, mais qu'il y avait aussi ce remords à faire sauter en lui, dans les jours, les semaines et les mois qui viendraient, afin que sous la miséricorde du Seigneur il retrouve la vie, la vie en abondance, au sein même de la souffrance de la prison.

Le soir même, je faisais les démarches promises. Le résultat fut positif. J'aurais tant voulu le lui dire immédiatement, car je savais ce qu'étaient pour beaucoup les nuits à la prison. C'est seulement le soir, quand la télé est éteinte et que, dans son lit, on est enfin seul à l'abri du regard des autres, qu'on peut laisser couler silencieusement les larmes qui nous étouffent. Alors j'ai demandé au Seigneur qui lui avait déjà fait la grâce de pleurer devant moi de lui donner de pouvoir encore le faire en cette nuit douloureuse, mais cette fois devant Lui, le Seigneur plein d'amour et de miséricorde.

Dès le lendemain matin, j'étais dans sa cellule pour l'embrasser et lui dire :

« Rassure-toi, c'est fait. »

Et devant lui, dans l'émotion, à haute voix, j'ai remercié le Seigneur, et c'est lui qui, délivré de sa culpabilité, a terminé la prière par ces deux mots : « Merci, Seigneur ! »

Il venait de découvrir le vrai visage de Dieu qui n'est autre que la Miséricorde, c'est-à-dire l'amour qui se donne à la misère et qui seul permet de faire disparaître définitivement le remords.

1. La miséricorde, ou le regard de Dieu

Cet événement, parmi d'autres, fut pour moi comme une invitation à essayer de faire découvrir à ceux qui venaient aux réunions d'études bibliques et aux messes ce qu'est la Miséricorde. Tant de chrétiens ignorent ou connaissent si mal cette qualité de l'amour de Dieu, capitale, certes, pour ceux qui vivent à l'extérieur de la prison, mais bien plus encore pour ceux qui y sont détenus.

J'ai essayé de leur faire découvrir que Dieu nous aime de toute sa force divine, c'est-à-dire *sans limite*, et cela non pas parce que nous serions bons et pleins de qualités, mais tout simplement parce qu'Il nous aime comme nous sommes... même si, à nos yeux et aux yeux des autres, nous sommes des êtres haïssables, à punir et à rejeter. Dans cet amour, Il nous travaille au cœur pour que, comme l'enfant prodigue, nous osions nous lever, venir à Lui, afin qu'à l'inverse de la justice humaine qui ne sait que punir Il nous guérisse.

Cette opinion de l'Église est splendidement illustrée par la métamorphose de nombreux détenus après leur adhésion au Christ qui tue en eux le remords destructeur. À leur sortie de prison, ceux-là vivent comme des hommes guéris et droits, mobilisant leurs forces pour vivre selon la Parole de Dieu.

Tel était le contenu des entretiens que le drame de cette pauvre maman m'avait donné d'entreprendre. En plus, j'allais souvent dialoguer avec son fils en cellule. Grâce à son cœur ouvert par l'aide concrète apportée à sa maman et à la lumière de l'Évangile, sa vie a accueilli la miséricorde qui a absorbé le remords et lui a permis de retrouver la paix.

2. Le regard de la loi

Malheureusement, on peut regarder le remords de tout autre façon.

Un groupe d'élèves magistrats, venus pour un stage de quelques jours afin de savoir un peu mieux ce qu'est la prison, avaient demandé au directeur de pouvoir me rencontrer.

« Nous aimerions, me dirent-ils, savoir quelle est votre action en prison ? Pourriez-vous nous dire ce que vous y faites ?

— J'annonce aux détenus, leur ai-je répondu, que Dieu est amour, qu'Il désire entrer en contact avec eux, et que dans cette rencontre ils puiseront la paix, la force de se relever et de repartir dans une direction autre que celle qui les a amenés en prison. »

Devant l'air étonné et plus que sceptique de mes interlocuteurs, j'ai continué :

« Cette manière de faire porte des fruits, je vous assure !... On assiste à de vraies métamorphoses ! Pour le constater, le mieux serait que vous alliez rendre visite à plusieurs d'entre eux. »

Puis je leur ai donné trois noms, avec les numéros de cellules, et nous nous sommes quittés en prenant date pour une prochaine rencontre.

Je me réjouissais d'avance de ce qu'ils allaient trouver chez ces détenus qui, découvrant le Seigneur sous son vrai jour, comme un Dieu d'amour et de miséricorde, avaient dépassé le remords pour marcher dans la paix et l'élan des nouveaux départs.

Or, dès le début de notre deuxième rencontre, j'ai dû déchanter. Tout de suite, les élèves magistrats m'ont interpellé :

« Monsieur l'aumônier, c'est scandaleux ! Ils n'ont même plus de remords ! »

Ces mots tombaient de leurs lèvres indignées comme un verdict. Ils ne pouvaient concevoir qu'un coupable condamné se relève, se réhabilite, se dégage du remords accablant et paralysant par une miraculeuse métamorphose où il retrouve la paix et la sérénité.

C'était un jugement instinctif et premier porté sur mon action d'aumônier, au sujet de l'évolution des trois détenus vers lesquels je les avais envoyés, de la guérison de leur regard sur eux-mêmes qui faisait accepter l'accomplissement du verdict à ces trois hommes qui savaient maintenant l'avoir mérité, contre les efforts qu'ils avaient déployés pour devenir petit à petit, dans la coopération à la grâce, des êtres nouveaux.

Je crus qu'il ne s'agissait que d'une question de mots et du sens qu'on peut leur donner, entre « regret efficace », qui permet de réagir et de repartir dans le bon sens, ce qui était l'attitude, à mon avis, des détenus vers lesquels j'avais aiguillé les stagiaires et « remords », qui écrase, taraude, paralyse, replie sur soi, anéantit.

Je pensais qu'après avoir fait cette distinction devant eux, ils conviendraient avec moi qu'une annonce de la foi qui fait disparaître le remords négatif au profit d'un regret efficace faisait du bon travail, tant dans l'intérêt de la personne que dans celui de la société. Eh bien ! non. À mon étonnement, leur opinion ne changea pas. Il était scandaleux qu'un coupable cessât d'avoir du remords.

Je compris alors que nous ne considérions pas les détenus avec le même regard. Ils les regardaient avec les yeux de la loi, c'est-à-dire du délit et de son équitable punition, sans trop se préoccuper des conséquences de la punition sur l'évolution personnelle et profonde de la personne dont ils ne se sentaient pas chargés. Alors que moi, je les regardais à la manière de Dieu « qui ne veut pas la mort du pécheur, mais qu'il se convertisse, qu'il guérisse, qu'il vive » et redevienne une richesse pour la société.

J'ai insisté devant eux sur cette distinction, en précisant que je me sentais bien incapable par moi-même de donner ainsi une vie nouvelle aux détenus, mais que je croyais fermement qu'un autre, le Christ ressuscité, en avait le pouvoir. C'est pour cette raison que j'annonçais la Parole de Dieu aux détenus, afin qu'ils acceptent une authentique relation avec Lui, seul capable d'annihiler le **remords destructeur**, d'envahir de la sienne la vie des détenus, et de les rendre à la société non plus comme des perturbateurs, ni même des destructeurs, mais comme des constructeurs, tels ceux que je les avais envoyés voir.

Mais ils ne purent me suivre sur ce terrain. Ils avaient fait devant moi profession d'agnosticisme et le paramètre Dieu, qui s'appelle Miséricorde, dissolvant des remords destructeurs, leur était absolument étranger. C'est pourquoi ils ne comprenaient pas bien le rôle de l'aumônier et étaient venus m'interroger sur ce point.

Je leur ai souhaité néanmoins que notre échange leur soit un enrichissement et leur apporte quelque lumière pour tous les jugements qu'ils auraient à prononcer au cours de leur carrière, dans l'intérêt des personnes et de la société.

Mais dire ma peine quand nous nous sommes quittés, en pensant aux conséquences humaines de leur absence de foi sur les milliers d'êtres que verrait la future carrière de tous ces jeunes gens et jeunes filles, n'est guère possible. Certes, il faut respecter les deux domaines, celui de la justice humaine et celui de la foi, ô combien ! Mais la justice, appliquée chrétiennement dans un but de redressement et de reconstruction de l'être dans sa profondeur, comme heureusement je l'ai vue souvent réalisée, revêt un tout autre visage.

Cette manière de voir la réalité humaine et chrétienne n'opère-t-elle pas une certaine liaison dans la vie du détenu entre la dure loi (*dura lex*) qui dit : « Viens ici qu'on te punisse », et la miséricorde qui dit : « Viens ici qu'on te guérisse. »

C'est pour lier réflexion et action humaine et chrétienne sur la justice que travaille notre Fraternité internationale des prisons.

Cette association rassemble 100 000 bénévoles répartis dans 83 organisations nationales, dont le but est d'aider les détenus, les victimes de la criminalité et leur famille, mais aussi de promouvoir l'adoption de meilleures pratiques au maintien de la justice dans le système pénal de chaque pays.

C'est ainsi qu'en son VIe conseil international tenu à Manille en novembre 1997, notre Fraternité précisait au numéro 5 de sa déclaration finale :

La justice nécessite que les délinquants assument leur responsabilité dans quatre domaines :

— qu'ils se repentent et deviennent des membres actifs de la société (Éphésiens, IV, 28) ;

— qu'ils reconnaissent et réparent le mal qu'ils ont fait (Proverbes, VI, 30-31) ;

— qu'ils reconnaissent le fait que les conséquences judiciaires doivent être acceptées (Romains, XIII, 4-5) ;

— qu'ils agissent sur les facteurs qui ont pu contribuer à leur comportement délictueux.

Le gouvernement, la société et l'Église ont la responsabilité d'encourager et de faciliter de telles actions de la part des délinquants (Proverbes, L, 10-16 ; Proverbes, XXX, 7-9 ; Jacques, IV, 7-8).

Après nous être avancé quelque peu sur un terrain plus général, qui n'aura toutefois pas été inutile, revenons vite à la vie.

3. Arrestation attendue, ou le regard du désespéré

C'est un fait que certains détenus, lorsqu'ils étaient en liberté, attendaient leur arrestation comme une libération. Et lorsque cette arrestation s'est produite, ils l'ont accueillie avec soulagement. Prisonniers d'une sorte d'emprise intérieure et extérieure qui les faisait agir par pulsions et désirs passionnels et contre laquelle ils ne pouvaient rien, ils se sentaient entraînés dans une chute vertigineuse vers des abîmes inconnus qu'ils devinaient terribles pour eux-mêmes et pour d'autres, chute que d'un instant à l'autre ils savaient pouvoir provoquer. Ils s'étaient mis sur une pente où ils glissaient irrésistiblement. Alors ils aspiraient à leur arrestation comme à l'unique moyen de stopper la chute. La prison n'est pas drôle, certes, mais après, on verrait bien !

Il y en a même un, Paul, qui m'a expliqué qu'il était dans une telle détresse que l'arrestation ne suffisait pas. Il avait choisi un moyen plus radical encore pour en sortir. Il voulait se faire tuer. Alors il a simulé une attaque de banque à main armée avec un revolver factice, et s'est mis exprès en terrain découvert pour se faire descendre par la police. Mais cela n'a pas marché et c'est en pleine désolation de ne pas avoir été tué qu'il s'est retrouvé en prison. Mais je raconterai plus loin son merveilleux redressement.

Plusieurs m'ont raconté l'impression de soulagement (j'ose dire de libération) qui s'est emparée d'eux lorsqu'ils ont glissé leurs poignets dans les menottes. Quelle effroyable situation !

En voici un témoignage :

J'ai eu une enfance extrêmement pénible, des coups de casserole sur la gueule et des coups de bâton. Bien sûr, je n'étais pas un ange, mais je n'étais jamais qu'un petit enfant qui voulait exister. La seule bêtise que je faisais, ayant la chance d'habiter la campagne, c'était de fuir à travers les champs et les chemins, découvrir la nature. L'école buissonnière était mon fort.

À 16 ans, ma mère avait du mal à accepter ce que j'étais devenu : l'enfant de la rue. Elle m'a mis en maison de correction. Là, au lieu de progresser, je suis devenu complètement tordu. Je suis devenu le caïd. J'ai été au mitard, une cellule absolument nue. Je me suis évadé dix-sept fois. En fait, dix-sept fois et demie. La dernière fois, j'ai rencontré un brave mec qui m'a pris en stop, une lumière déjà sur ma route. Il m'a dit : « Je connais un endroit et un gars qui va peut-être te donner un coup de main. » C'était la bouée, le foyer des Épinettes à Clichy, le père Jaouen. Il m'a gardé pendant quinze jours et m'a conseillé, au lieu d'être repris, de rentrer moi-même.

Quand je suis sorti de maison de correction, je suis rentré chez mes parents. On retourne toujours où on a ses racines. Ma mère m'a dit : « Trouve du boulot ou engage-toi. » J'ai été chez les paras un mois et dix-sept jours — indésirable à l'armée. Retour à la case départ. Je reviens chez mes parents. Bien sûr, j'avais arrosé ça, j'étais bourré. Ma mère m'a donné quarante-huit heures pour trouver du boulot. C'était vendredi soir. Samedi, dimanche, personne n'embauche. « Salut, la bonne, je me casse. »

Je suis parti. J'ai fait le tour de France en stop et je me suis retrouvé à Grasse, en tôle. J'ai à nouveau tourné en rond dans la cour, les uns derrière les autres sans pouvoir échanger une seule cigarette, un seul mot.

Après, je suis revenu encore à mes racines. Et j'ai rencontré une femme. Elle était sensationnelle. Notre amour a duré un an jusqu'à la naissance de notre fille. J'étais jaloux. Je me suis mis à picoler. J'ai commencé à voir ailleurs, à faire des javas. J'ai rencontré des amis qui avaient des flingues. J'ai commencé par des rackets. À chaque fois, il y avait des flics.

Pour arrêter mes conneries, j'ai voulu un deuxième enfant, un fils après la fille. Moi qui aimais bricoler, j'ai voulu construire une maison. Mais tous les ans, au mois de septembre, le mois où j'avais été en maison de correction, la haine me reprenait systématiquement, plus fort que d'habitude. Alors, un jour où j'étais bourré, mais pas assez, j'ai réussi à entrer dans une boutique, à acheter un flingue et j'ai tiré sur le premier uniforme venu.

J'ai été arrêté, incarcéré pour assassinat. Non, pour tentative d'assassinat parce que j'ai eu de la chance, le miracle que cet homme ne soit pas mort.

Quel soulagement ce fut pour moi de « rentrer » en prison. J'étais à ma place, loin de mes soucis. On m'oubliait, je n'avais plus envie d'exister...

Le troisième jour de mon incarcération, j'ai voulu me suicider quand une lumière, une lumière très forte est apparue à travers les barreaux et j'ai entendu : « ***J'ai besoin de toi.*** *»*

À partir de ce moment-là, tout a changé. J'ai respecté tout le monde, même l'uniforme. Je suis devenu quelqu'un de calme, plus d'agressivité. Et puis j'ai eu une visiteuse, une bonne sœur. La frangine, elle me glisse une bible. « C'est quoi, ton bouquin ? » Elle m'explique. « J'ai pas besoin de ce machin-là. » Et puis, dans la conversation, au bout de quelques semaines, je lui rappelle cette lumière. Et la voilà qui chante alléluia, alléluia.

Le Seigneur commençait à faire son travail. J'ai accepté que ma femme, au lieu de venir deux fois par semaine, fasse une retraite dans un foyer de charité. Elle s'est retrouvée à la tête d'un groupe de prière, dans une ville, qui dure toujours. Et dans ma cellule est né un groupe de prière.

Après ma condamnation, j'ai été transféré à la prison de Caen. À la chapelle, on mettait un disque pour animer la messe. Alors, on a décidé qu'on chanterait, que ce serait bien plus vivant. Le premier dimanche, on s'est fait signe pour chanter à la place du disque. L'aumônier s'est assis au milieu du sermon. Il a pleuré. Il a dit : « Les gars, ça fait dix-huit ans que j'attendais ça ! » Lui aussi avait sa prison.

Je suis revenu à la prison d'Angers, je voyais l'aumônier. Avec lui je parlais de ceux qui rentrent, mais, une fois de plus, je voulais qu'il s'occupe de ceux qui sortent, pour qu'ils aient une maison où ils seraient un peu chez eux et où on s'occuperait d'eux. Lui me disait : « Michel, c'est toi qui le feras, quand tu sortiras. » Moi ! avec mon certificat d'études ! « Fais confiance à la Providence. »

Et c'est ce qui s'est fait. On a créé l'association L'Arbre vert, d'abord un local en ville pendant quatre ans. Et puis une nuit, l'image d'une ferme m'est apparue. Je l'ai cherchée pendant des mois. On va l'acheter. Il fallait trouver 350 000 francs. On n'avait rien. On les a eus et on a signé chez le notaire. À L'Arbre vert on a démarré. Il fallait retaper le bâtiment qui en avait drôlement besoin et on a commencé à accueillir les sortants. On vit dans la pauvreté, dans l'humi-

lité. Il n'y a pas de richesse à L'Arbre vert. La seule richesse, c'est l'amour, le partage, l'accueil de l'autre.

Quelle incroyable joie de voir le Seigneur intervenir et les envahir progressivement de sa paix.

4. Une évasion... vers le Seigneur

François, incarcéré depuis deux ans à Bois-d'Arcy, venait régulièrement à l'aumônerie. Sorti en permission chez lui pour préparer sa libération qui devait avoir lieu deux mois après, il ne rejoint pas la prison, mais fuit à l'étranger. Finalement, par amour des siens, il revient en France et se retrouve à nouveau à Bois-d'Arcy, où lui aussi est attendu par le Seigneur. Le voilà en cellule de punition, après qu'on lui a annoncé qu'il devra recommencer sa peine de deux ans. Il m'écrit :

Puis, on avait statué sur mon sort, la punition que je redoutais est venue, il me fallait l'accepter, bon gré, mal gré. Je m'étais fait à l'intérieur de moi-même une résolution : j'avais fait une erreur, il fallait maintenant que j'en subisse les conséquences, et ce fut le mitard ; vous connaissez ce lieu de punition ; cet endroit, moi je l'appelle la prison dans la prison.

C'est au quatrième étage, là-haut, dans le silence. La première nuit, je ne dormis pas. Le silence qui régnait là-haut était pesant, une claustration totale où je pouvais entendre jusqu'au bruit de ma respiration, une solitude qui vous brise totalement, vous vous demandez si vraiment vous existez encore, la torture morale est terrible. J'ai même pleuré, moi qui me croyais dur et rompu à toute épreuve, j'ai craqué.

C'est à ce moment-là que j'ai prié. *Au début, ce n'était peut-être qu'un réflexe de jadis comme quand j'étais enfant ou lorsque je recevais des coups. Oui, enfant, lorsque ça arrivait, je me mettais tout de suite à réciter une prière. Mais petit à petit ces prières que je disais dans ma tête sont devenues dans ce silence comme un besoin, je les répétais cette fois après les avoir si longtemps abandonnées dans ma vie d'adulte ; c'était comme une nourriture, comme une présence qui venait à mon aide ; elles m'aidaient à surmonter cette épreuve. Voyez-vous, cher Père, je suis certain que Dieu a entendu mes prières, car les jours suivants, cette solitude qui au départ n'était qu'un terrible cauchemar est devenue salutaire, c'est-à-dire que cette solitude m'a mis en face de moi-même, cette solitude m'a conduit ailleurs et je sentais qu'elle me rapprochait de quelque chose, bien sûr que je ne pouvais au départ identifier, mais je sentais que cette marche allait vers un but, que cette marche avait un sens.*

Au départ évidemment je ne savais pas ce que c'était, mais peu à peu j'ai senti en moi comme une grande plénitude, un soulagement de l'esprit et du cœur. Tout autour de moi, quelque chose avait changé. Oui, je l'ai constaté, ***je n'en voulais plus à personne*** *; pourtant, humainement parlant, il y aurait eu de quoi. Et puis il y avait un besoin que je ne ressentais pas quand j'étais dehors dans mes occupations, dans ma famille,* ***j'avais besoin de prières****, ce besoin montait du plus profond de moi. Jamais cela ne m'était arrivé jusqu'alors ; les souvenirs de jeunesse dont j'ai parlé tout à l'heure, c'étaient des* *souvenirs de petit enfant, mais il y a longtemps que tout ceci s'était arrêté.*

Puis ce furent des journées de lecture que j'interrompais assez souvent pour me mettre, je ne sais pas comment dire, pour me mettre à penser, pas tellement à faire des raisonnements, mais à penser, à réfléchir, puis chaque soir après le coucher je me mettais à prier et je ressentais à ce moment-là comme une présence amie, puissante, qui m'entourait de sa tendresse et me procurait une joie immense, comme une délivrance, oui, Dieu était en moi, oui, Dieu m'avait compris, oui, Dieu m'avait entendu, oui, il était descendu dans ma propre vie, dans le fond de mon être, moi humble pécheur qui auparavant ne respectais pas le bien d'autrui, oui, mon Dieu a répondu, il m'a ouvert la porte d'un monde qui me semble maintenant sans haine, sans violence.

Je sais maintenant que quelque chose en moi a changé. Quoi, je ne saurais l'expliquer, mais je sais que lorsque je serai libéré, ce qui n'est pas encore pour bientôt, je verrai tout différemment. [...] *Une autre route s'ouvre devant moi et je la dois à Dieu qui est intervenu dans ma détresse, au mitard, à lui seul, grâce à lui je peux maintenant croire au sauvetage de la vie qui me reste encore à vivre, au parcours que j'ai encore à faire qui sera probablement semé d'autres embûches, d'autres épreuves, mais* ***je ne vivrai plus jamais tout seul, je les vivrai avec lui, je sais qu'il est là, qu'il est vivant et qu'il m'aime et qu'il m'aide et qu'il me transforme.*** [...]

Je me souviens d'une parole que vous avez dite lors d'une de nos réunions, vous avez dit en effet que Dieu savait recoller les morceaux des cœurs brisés. Cette parole, savez-vous, m'est toujours restée en mémoire, elle est vrai, car il a su recoller les morceaux du mien, je vous assure.

Remarquons que rien n'est changé dans la situation concrète de cet homme, mais les yeux de son cœur ont été illuminés par le Christ et son Esprit. Ils voient maintenant tout autrement. Les liens qui le tenaient enfermé dans l'incroyance, l'angoisse et le désespoir ont sauté. La confiance en l'avenir et en son Seigneur y a pris place.

— III —

L'isolement

Continuons d'avancer à l'intérieur de cette prison et essayons d'imaginer ce qui se passe dans les cœurs de ceux que nous rencontrons.

Nous voilà dans un grand couloir. De chaque côté, il n'y a que des portes closes, bien sûr les cellules. On ne voit personne. Il y a quinze cellules de chaque côté, et sur chaque porte, un nom. Avançons jusqu'au bout du couloir. Sur la porte de droite, tout au fond, un nom : Akli. Un surveillant me l'a signalé. Ce jeune est en train de perdre la raison.

Je rentre et vous avec moi, voulez-vous ? La porte s'ouvre. Au fond de la cellule, en face, il y a une fenêtre et, devant cette fenêtre, le détenu. Il nous tourne le dos. Debout, le nez collé à la vitre, il regarde le ballet des mouettes qui volent sans fin au-dessus de la cour. Je l'appelle par son prénom. Il ne répond pas, il ne bouge pas. Je réitère mon appel amical : « Akli. » Il ne bouge pas plus, et déjà je m'aperçois que quelque chose d'un peu spécial émane de ce jeune homme. Je m'avance un peu plus, l'appelle à nouveau. Il ne bouge toujours pas. Alors je m'approche tout à fait, je mets ma main sur son épaule, doucement. Un mouvement s'amorce. Sans tourner la tête, droit, raide, il pivote et le voilà face à moi.

Je suis impressionné par son visage régulier, cheveux blonds, yeux bleus. Il a à peine 20 ans. Ses yeux sont vides, inexpressifs, perdus dans un rêve intérieur, et je me demande s'il me voit. Alors j'amorce le geste que l'on fait devant les petits enfants pour savoir s'ils voient. Je promène ma main devant ses yeux quelques secondes. Aucun cillement. Je le prends par les deux épaules, le secoue et lui dis :

« Mais enfin, où es-tu parti ? »

Alors doucement, il se détend, et me dit non pas une phrase, mais quelques mots dont je ne me souviens plus, sans aucun sens particulier d'ailleurs. Enfin, il est sorti de son rêve.

Akli avait été mis à l'isolement. Qu'est-ce à dire, l'isolement ? C'est un ou deux couloirs spéciaux où l'on enferme en cellule un détenu qu'on veut isoler complètement de la vie de la prison pour diverses raisons : soit qu'il perde un peu la tête ou devienne dangereux — il peut blesser ou tuer un autre détenu ou un surveillant —, soit qu'il s'agisse d'un ancien gendarme, agent de police ou quelqu'un de la justice, qui est en prison à son tour. Les autres détenus pourraient l'attaquer, s'en prendre à lui ; on l'isole donc pour le protéger. Les détenus à l'isolement ne participent à aucune activité générale, ni aux promenades dans les cours, rien. Pour qu'ils puissent tout de même se détendre un peu, de l'autre côté du couloir il y a une petite cour de récréation, de la surface de deux ou trois cellules. Bas de plafond, mais une grille, et au-dessus le ciel. Akli, quant à lui, refusait d'y aller. La plupart du temps, il restait dans sa cellule.

1. Akli, mort dans la foi

Il est là depuis deux ans. Il a perdu, je dirais, le sens du temps, le sens des réalités, il a réussi à s'évader, il est ailleurs tout en restant là. Il me fait penser au Bouddha, dont l'idéal est de quitter ce monde tout en y restant, lui aussi dans l'impassibilité de l'au-delà. Souvent je suis revenu le voir. J'ai multiplié mes visites et, petit à petit, je l'ai vu s'ouvrir, se lier à moi dans la confiance, me raconter doucement son histoire par bribes. Puis je lui ai donné la Bible. Il s'est mis à la lire et il l'a lue de bout en bout ; il l'a relue encore et il est sorti progressivement de son rêve, mais pas tout à fait encore.

Alors, après maintes négociations avec le chef de détention, j'ai pu le faire redescendre près d'un autre détenu, Paulo, un jeune homme de 25 ans qui avait découvert le Seigneur à l'aumônerie, sportif, joyeux, énergique, et qui l'a accepté dans sa cellule pour l'aider à émerger de son rêve destructeur, le pousser à entreprendre quelques études et lui faire mieux connaître le Christ Jésus.

Après une quinzaine de jours de cohabitation avec Paulo, voici ce que m'a écrit Akli :

Ah ! Père, après deux ans tout seul à l'isolement, je suis heureux de pouvoir vous envoyer ces quelques lignes pour vous dire où j'en suis dans ma nouvelle situation, ma nouvelle position dans la prison que vous m'avez obtenue. Eh bien, je vais bien ainsi que Polo d'ailleurs, Polo, vous savez, c'est celui qui a été confirmé et baptisé, il est plein de vie, je ne suis plus seul, il m'apprend à faire des calculs, figurez-vous, et je dois dire que je commence à bien me débrouiller. [Remarquez le changement qui s'est produit chez ce garçon qui, quelques mois auparavant, à ma première visite, ne pouvait dire que quelques mots. Il est revenu à la vie, quelle joie !] *Alors j'ose dire que je commence à bien me débrouiller moi aussi dans le calcul, oui, tous les jours de la semaine, je travaille, je prépare mon CAP. Oui, car Polo me dit souvent que vous seriez content que j'aie mon CAP*. [Remarquez encore la raison pour laquelle ce garçon qui a tant de mal à fixer son attention accepte de préparer un examen : « Parce que vous seriez content que je l'aie. » Il est rentré dans le circuit normal des relations humaines : *quelqu'un l'a aimé, l'aime toujours et, à son tour, il veut répondre*. Voilà le moteur qui permet à un détenu de se dégager de l'écrasement de la prison, de l'insignifiance dans laquelle il est tenu par tous ceux qui l'entourent ou qui font fonctionner cette administration, braves gens, bien sûr, mais qui n'ont pas le temps, forcément, de manifester une attention aimante, personnelle à chacun. N'est-ce pas là un des rôles principaux de l'aumônerie et de ses membres ?] *Oui, ça vous ferait plaisir. Moi, je le fais pour ça, mais aussi parce que je suis d'accord avec vous, c'est pourquoi je m'y prépare. [...] Je ne m'ennuie vraiment plus, je fais comme Polo, je remets tous mes soucis entre les mains du Seigneur Jésus. Ah, c'est drôle, chaque fois que je pense au Seigneur, chaque fois, je l'imagine comme un tout petit enfant. Dans mon imagination, je le vois comme je viens de vous dire. Ah, franchement, je ne peux pas ne pas l'aimer comme un petit frère. Pourtant, c'est comme ça que je l'aime, Dieu, un petit frère, mais un petit frère qui a créé le monde.*

Quelle intuition ! Quelle lumière reçue de l'Esprit ! Akli ne parle-t-il pas comme l'un ou l'autre de ces mystiques qui ont perçu le Dieu tout-puissant dans l'innocence d'un enfant ? Cette lettre que nous commentons, écrite au courant de la plume, nous aide à découvrir à quelle profondeur le Seigneur a envahi ce jeune détenu selon sa promesse : *Proclamez le royaume de Dieu. Si quelqu'un l'accueille, il sera sauvé.*

Pour qu'Akli soit sauvé, c'est-à-dire relié à la vie et à l'amour de son Seigneur de façon vivante, il y avait deux conditions que le Christ avait lui-même données à ses apôtres : la proclamation de la Parole et son accueil. Elles ont été réalisées toutes les deux et Akli a été sauvé.

L'étonnante description de la « nuit de la foi » qui suit nous en convaincra un peu plus encore. Étonnante, non pas tellement par ce qu'elle exprime, mais parce qu'elle est faite par quelqu'un qui n'a reçu aucune éducation religieuse, ni aucune éducation humaine d'ailleurs, et donc n'a pu la découvrir que dans son expérience intime, celle que l'Esprit fait faire aux hommes qui se laissent conduire comme des enfants.

Voici la suite de sa lettre :

Père, s'il m'arrive quelquefois de douter, oh, j'en demande pardon, mais qui dans sa vie n'a pas douté, qui ? J'aurais du mal à croire celui ou celle qui me dirait : moi, je n'ai jamais douté de l'existence, de la bonté, de l'affection de Dieu, de son action pour m'entourer, pour me porter, jamais je n'ai douté. Ah oui, j'aurais du mal à le croire, celui-là. Une nouvelle fois, Père, et que Dieu me pardonne, moi ça m'est arrivé et cela me paraît en effet tellement fantastique tout ce que dit la foi, tellement fantastique qu'il m'arrive, quand j'y pense, à certains moments de douter et pourtant c'est vrai !...

Vous vous demandez ce qu'il est advenu de ce jeune homme. Bien que notre but ne soit pas ici de raconter l'histoire de chacun, mais de décrire les découvertes du Seigneur, je vais vous dire en quelques mots la suite de son histoire.

Transféré dans une autre prison, Akli y rencontra bien des ennuis tout en continuant de progresser dans la foi. Il fut mis en salle de punition, car on le suspectait de préparer une évasion, puis changé de prison, encore et encore. Il termina son temps de détention dans des conditions spéciales, et très dures, dans ce qu'on appelait autrefois la forteresse de Saint-Martin-de-Ré. Le diacre qui travaillait avec moi à Bois-d'Arcy et qui allait visiter nos « anciens », mutés dans les diverses prisons de France, est allé le chercher en voiture à sa libération et l'a ramené chez moi.

Il aurait voulu rester habiter chez moi, à Versailles, et ce sont de ces souvenirs qui font mal si on ne pense pas que le Seigneur voit nos limites. Il insistait pour venir chez moi, parce que, disait-il, là-bas, place d'Italie, avec sa mère et sa sœur, c'était impossible de tenir la route.

« Et puis j'ai tous mes anciens copains avec qui on se droguait, avec qui on faisait tous les coups quand on était fou, je vais retomber là-dedans, Père, c'est pas possible, prenez-moi chez vous, je vous en supplie. »

J'avais en effet un petit appartement de deux pièces où je logeais déjà cinq anciens détenus. Quand arrivait le soir, on mettait les matelas par terre, toute la surface du sol en était couverte, je ne pouvais pas en mettre un de plus, c'était impossible. J'ai bien essayé de l'aiguiller vers notre péniche *Tibériade* [1], mais elle était pleine.

Il est donc reparti chez sa mère. Mais il venait me voir de temps en temps et je l'ai emmené dans des grandes rencontres du Renouveau charismatique : Paray-le-Monial, Lourdes. Quelle foi ! Il jubilait, ce petit, de manière incroyable, il sautait de joie, je le vois encore.

Puis un jour, j'ai reçu un coup de téléphone d'un grand hôpital parisien.

« Mon Père, il y a ici un jeune homme qui est très mal. Personne ne vient le voir, il voudrait que vous veniez lui rendre visite. Il s'appelle Akli. »

1. Nous allons parler de cette péniche d'accueil plus loin.

Vous pensez que je n'ai pas été long. Je l'ai retrouvé à l'hôpital : il avait les reins bloqués par une overdose de drogue, et il avait les yeux levés vers son Seigneur. Longuement, la main dans la main, nous avons prié. On peut être livré à son Seigneur et en même temps détruit par la drogue, je le voyais bien. Ce qu'il craignait s'était produit. Le milieu l'avait réabsorbé.

C'est ainsi qu'Akli, dans la foi et l'amour de son Seigneur, qui sûrement l'a reçu dans sa joie, a quitté la terre. Oui, c'est ainsi qu'il a pénétré dans la plénitude de la découverte qu'il avait commencé à faire dans sa cellule d'isolement et cela nous amène tous à réfléchir. En tout cas, avec les autres morts du sida dont nous parlerons plus loin, il fait partie des saints que je prie.

La prison est source de réflexion, de leçon pour nous tous. Imaginons qu'Akli n'ait jamais quitté son quartier de la place d'Italie, avec toute sa bande terrible. Que serait-il devenu ? Akli est entré en prison, il a beaucoup souffert, s'est réjoui de rencontrer son Seigneur, il a finalement mis son espoir dans le Christ Jésus et, d'un élan, est parti habiter chez lui.

Je voudrais vous raconter encore un petit fait le concernant. Alors qu'Akli était encore dans sa cellule d'isolement, j'allais souvent le voir. Un jour qu'il était malade, je m'étais assis auprès de son lit. Je l'accompagnais de tout cœur, il était content, paisible. Notre rencontre terminée, je me lève, j'arrive à la porte de la cellule lorsqu'il me rappelle d'une voix un peu timide, comme s'il avait quelque chose de secret à me confier et qu'il n'osait pas dire.

« Père ! Père... »

Il me faisait signe de venir, alors je suis revenu vers lui. Je sentais que quelque chose d'important allait m'être confié, je me suis assis et il m'a dit d'une voix très douce :

« Père, qui est-ce, la belle dame en blanc qui est venue cette nuit ? Ah, qu'elle était belle ! Elle a mis sa main sur mon front. Comme j'étais bien ! Et puis elle est partie comme pour s'en aller, je l'ai vue de dos, et puis arrivée à la porte de la cellule, elle ne l'a pas ouverte et je ne l'ai plus vue, elle a disparu. Qui est-ce, Père, dites-moi ? »

Si vous le voulez, nous terminerons l'histoire d'Akli sur cette question. Jamais il ne m'en a reparlé et, pour moi, ce fait même est la marque de l'authenticité d'une visite de la Vierge Marie. Oui, l'action de Dieu dans les prisons est incroyable ! Parmi les habitants du ciel, il n'y a pas que la Vierge Marie qui désobéisse aux règles qui interdisent de rentrer dans les prisons, je vous assure !

Quelle grâce d'avoir été appelé à proclamer la Parole d'amour du Seigneur dans une maison de peine, et d'en voir jaillir de tels fruits de paix et même de joie ! Lumière d'aurore... faisant pressentir les redéparts !

2. Malik demande le baptême

Malik est un jeune de 19 ans, élevé sans aucune foi ni référence au Christ. Après une rencontre chaleureuse à l'aumônerie, il est venu m'ouvrir son cœur en audience particulière. Là, je lui remets un livre de Nicky Cruz en lui recommandant de ne le lire qu'après s'être recueilli et avoir demandé à Dieu de recevoir la même lumière divine que celle qui avait visité ce jeune bandit. J'apprenais ainsi à bon nombre de détenus à vivre avec le Christ, tenu pour un être vivant et attentif à leur personne. Là était le but de mon action de prêtre du Christ Jésus : mettre le plus intensément possible chaque détenu en relation confiante et vivante avec le Ressuscité.

Quelques jours après m'arrive la lettre suivante :

Père, je me permets de vous écrire, car aujourd'hui s'est passée une chose formidable : alors que je lisais Du ghetto à la vie *de Nicky Cruz, que vous m'avez si gentiment prêté, je me suis mis plusieurs fois à pleurer sans raison apparente, en le lisant. C'était une chose extraordinaire, et maintenant je crois en Notre-Seigneur, qui est Dieu. Je pense qu'il désire m'aider, donc je me permets de vous demander votre aide, car j'ai prié, mais je ne sais pas exactement le faire.*

Donc si vous pouviez venir me voir dans ma cellule afin de m'aider à aimer Dieu, à implorer son aide, je vous en serais très reconnaissant. D'autre part, si cela est possible, j'aimerais que vous me prêtiez une bible afin que je la lise et que je l'étudie pour savoir tout le bien que Dieu a pu faire en créant la terre, les hommes, les femmes, etc.

En tout cas, je tiens à vous dire que, dès maintenant, un sérieux changement s'est effectué en moi et que je ressens le besoin de votre aide à prier.

Voilà quelqu'un qui tout d'un coup reçoit une lumière qui le bouleverse au point de lui arracher des larmes et qui me demande d'aller lui rendre visite en sa cellule. Il désire savoir ce que cet événement veut dire. J'y vais et nous dialoguons en confiance, et en profondeur, comme vous le devinez. Il continue de lire l'Évangile en suivant le plan de lecture et de réflexion que je lui ai laissé. Quelques semaines plus tard, nouvelle lettre :

Après l'entretien que nous avons eu dans ma cellule, j'ai essayé de suivre de mon mieux les conseils que vous m'avez donnés, ce qui m'amène à vous demander le baptême. Je le désire énormément car, comme je vous l'avais expliqué dans ma précédente lettre, en lisant le livre magnifique de Nicky Cruz, il s'est passé en moi une chose extraordinaire, mais non seulement une fois, à plusieurs reprises depuis, je me suis mis à pleurer. Lorsque Jésus est ressuscité, Il a dit : « Je vous aimerai tous jusqu'à la fin du monde. » Et maintenant, je sais que moi, Il m'aime ! Je veux dès maintenant Lui prouver la reconnaissance que j'ai pour Lui, car il s'est effectué en moi un grand changement. C'est pourquoi j'aimerais beaucoup avoir le baptême qui me permettra de changer réellement de vie en recevant la vie de Dieu, l'amour de Dieu en moi. Dieu est venu à moi, Il m'a prouvé qu'Il était bien présent ; donc maintenant, c'est à moi de Lui prouver que je veux Le suivre sur le chemin qu'Il m'a tracé, mais pour cela il me faut le baptême. Je compte sur votre compréhension pour me le permettre.

C'est ainsi, qu'entre chacun des détenus et moi, les choses se déroulaient. Après une découverte, le plus souvent bouleversante, du Christ ressuscité, le détenu voulait en savoir plus sur sa tendresse toute puissante. Poussé de l'intérieur, il se mettait alors en marche vers cet homme mystérieux qui l'avait ébloui. La plupart du temps, sachant que je pouvais le faire, il me demandait de l'accompagner dans sa recherche. En acceptant, je répondais en même temps au Christ Jésus qui nous a dit, à nous ses apôtres : « *Allez, témoignez, enseignez,* ***accompagnez***. »

Le baptême longuement préparé a été célébré.

Lorsque ses parents sont venus le voir au parloir, ils ont été bouleversés, on peut même dire bousculés. Ils n'avaient pas voulu lui enseigner la foi en disant comme tant d'autres : « Quand il sera grand, il verra ce qu'il a à faire », en pensant que bien sûr il ne se passerait rien du tout, puisqu'on ne peut embrasser une religion qu'on ignore. Et voilà que ce qu'ils croyaient irréalisable tout d'un coup éclatait. Ils ne reconnaissaient plus leur fils. À leur tour, ils se posaient des questions sur la foi. Près de deux ans après la libération de Malik, je reçois cette nouvelle lettre :

J'espère que l'annonce du Seigneur continue et avance toujours là-bas en prison. Comme je vous l'avais dit, ma sœur a été tellement bouleversée par ce qui m'est arrivé et par nos dialogues qui ont suivi qu'elle s'est inscrite à la préparation du baptême. Sa célébration vient d'avoir lieu et a été magnifique.

Qui aurait pu penser qu'un détenu, du fond de sa prison, convertirait sa famille !

Tu es merveilleux, Seigneur, et vraiment Tu nous encourages, les uns et les autres, à proclamer Ta Parole.

3. Thierry, sorti de la drogue

Voici une autre lettre assez étonnante d'un garçon de 20 ans. S'il m'écrit comme bien d'autres, alors que je suis tous les jours à la prison, c'est que mon carnet d'audience est si rempli qu'il faut un long délai (à ma grande peine) avant d'obtenir satisfaction.

Je vais maintenant vous dire ce qu'a été ma rencontre avec Dieu. J'ai été incarcéré à la prison de Bois-d'Arcy voilà maintenant dix-sept mois pour un motif très, très grave, suite à une vie plus que chaotique. Lorsque j'étais libre, je me plaignais sans cesse. Je n'aimais pas ma vie. Je prenais de la drogue, du haschisch, de l'héroïne, etc., et j'en buvais, de l'alcool ! Je ne me sentais bien que lorsque j'étais éclaté. Pauvre fou que j'étais ! Si j'avais su ce que je serais demain. Je ne comprenais rien au bonheur.

Avec mes amis, des punks, des skinheads, nous prêchions le désordre, la haine, le fait qu'il n'y avait aucun avenir possible, qu'il fallait s'éclater tout de suite. Nous prêchions la destruction, œil pour œil, dent pour dent. Enfin, bref, une vie dingue, et je n'étais pas assez raisonnable pour voir que le bonheur, c'était autre chose que ce que je croyais. Le bonheur, c'est réussir sa vie, c'est la beauté, c'est l'amour, c'est le partage.

Eh bien non, j'y comprenais rien. Je ne vivais que de caprices, de fantaisies, de drogue... la piqûre, carrément. Oh ! peut-être que je me trouvais mûr pour le trépas. Et ma faiblesse, mon manque de volonté me tiraient jusqu'aux confins du trou comme un tourbillon noir dans lequel je tournais, descendais progressivement, immanquablement, je descendais ! C'est comme la mort qui me happait, la terreur ! Et sous l'effet de l'héroïne, je faisais des rêves de plusieurs jours, tout en marchant. Et je continuais ces rêves les plus tristes, avec des égarés, jusqu'au jour où je suis tombé dans la déchéance la plus totale.

Je dormais dans les vide-ordures d'une cité ou dans les caves. Le peu d'argent que je « trouvais » [il l'a écrit entre guillemets, vous voyez ce que cela veut dire], *je le dépensais dans la drogue, dans l'alcool. Résultat : pleine déchéance ! Comment rester au contact d'un être aussi détruit que je l'étais ? Alors, mes amis m'ont quitté, ma famille m'a lâché, et puis j'ai dérapé dans la violence pour finir menottes aux mains dans un commissariat, le juge, le procureur, et puis la prison.*

Dès que je suis arrivé dans la cellule, ma première idée était : comment en sortir ? J'avais la haine au cœur. Je ne voyais que les murs, les barbelés, les barreaux, rien d'autre. Bien sûr, la vie, mais en noir ! Tout de suite, j'ai pensé suicide, ça me revenait à la tête. Je haïssais les autres, tous les autres. Un mois environ après cette incarcération, affreuse, alors que j'étais encore dans la haine, quelqu'un m'a donné la prière du Notre-Père. *Pour moi, c'était un morceau de papier avec des mots dessus. Rien de plus. Je l'ai lu quand même, comme on lit un poème, puis je l'ai rangé dans mon courrier et je l'ai oublié rapidement.*

Un certain temps s'est encore écoulé et un jour où j'avais un cafard énorme, ce genre de cafard qui mène les détenus au suicide, voulant trouver un peu de réconfort, j'ai pris le paquet de courrier que ma famille et certains de mes amis m'avaient envoyé. Et tandis que je prenais cette pile de lettres, le petit papier où il y avait le Notre-Père *est tombé. Je l'ai ramassé. À nouveau, je l'ai lu, sans conviction. Puis, je ne sais pourquoi, je l'ai relu encore une fois, puis une autre fois encore en prenant soin de comprendre ce que je lisais. Et alors, quelque chose s'est passé, quelque chose d'agréable pour mon corps et pour mon esprit, comme quand on apprend une bonne nouvelle. En un instant, je me suis détendu, décontracté. Je suis resté sur ma paillasse, étendu, jusqu'au soir, dans un climat que je n'avais encore jamais connu.*

Les jours suivants, j'ai relu cette prière. J'avais besoin de parler de tout ce qu'elle provoquait en moi ; alors, Père, je vous ai demandé de venir et de me procurer une bible. J'ai commencé à lire, un peu chaque jour, et j'ai commencé à faire des prières, dans mon esprit et dans mon corps. Je sentais comme un grand ménage. Les prières, les paroles que je disais dans mon esprit, c'était comme si ça me lavait, un grand ménage, un nouvel ordre, une sécurité, et au fil des jours, ma foi a grandi.

La fin de sa lettre célèbre longuement et magnifiquement sa résurrection, son lever au chant du coq, lui qui vivait couché, anéanti, sa prière chaque matin en union avec l'office des laudes de Radio Notre-Dame. Il termine sa lettre par cette petite phrase significative :

Comme la vie est belle maintenant !

4. Jean-Pierre : « Je suis heureux en prison »

C'est un garçon de 28 ans qui m'écrit une longue lettre de cinq pages, dont j'extrais quelques paragraphes.

Ah, Père, jusqu'ici, je vous assure, je n'ai pas souvent cru en Dieu, mais aujourd'hui ***je sais*** *qu'Il est là tout près de moi et c'est pour ça que je fais appel à Lui. Car* ***je sais*** *qu'Il est grand, je sais qu'Il est fort, je sais qu'Il m'a donné son amour...*

Je vous ai écouté longuement et je me suis rappelé ce qui s'était passé dans mon enfance, ce qu'on m'avait dit. Tout cela a repris vie...

Je sais qu'Il m'aime, et moi je l'aime...

Remarquez la vigueur de l'expression qui montre qu'il a dû faire une expérience très profonde de la présence de Dieu en lui.

C'est mon Père, sans Lui je serais toujours tout petit, Il m'a fait grandir dans la foi et dans l'amour. Il m'a fait grandir, c'est Lui qui a tout fait dans la foi, dans l'amour, c'est pour ça que ***je suis heureux maintenant****.*

N'oublions pas qu'il est en prison et que, dite en cet endroit, cette phrase est plus qu'étonnante. Je l'ai pourtant entendue des centaines et des centaines de fois à la maison d'arrêt.

Pour moi, Il sera toujours vivant parce qu'Il est en moi et moi en Lui. Il est aussi avec moi tous les jours. Je vous assure

Père, il y a des jours où vraiment je Le vois, où je suis uni à Lui. Je Le vois en pensée seulement. Avant j'avais de la haine, mais Il a fait partir cette haine comme une poussière qu'on a dans l'œil.

Si je me suis mis à ouvrir mon cœur après de si longues années, c'est que Lui ne l'avait pas encore permis avant ; car Lui Il nous aime. Il nous fait avancer à notre cadence, Il savait que je n'étais pas tout à fait prêt à le faire ; mais je suis venu en prison. Était-ce le moment favorable ? En tout cas, là, j'ai reçu la lumière et c'est seulement aujourd'hui, je ne suis pas prêt de l'oublier, que j'ai reçu sa Parole au plus profond de mon être, dans mon cœur. Partout où je vais je parle avec Lui, Il est en moi. Je vais m'arrêter ici, car il me faudrait un cahier, Père, pour écrire tout le bonheur que je ressens aujourd'hui. Merci.

— IV —

Les réunions d'aumônerie

Pour un nombre de détenus qui variait entre 900 et 1 300, j'étais le seul aumônier catholique. Impossible de faire une démarche vers chacun. Il m'a donc fallu organiser des rencontres collectives de types différents pour me permettre de mener une véritable action missionnaire.

J'avais obtenu de l'Administration, comme je l'ai expliqué au début, l'autorisation de réunir d'abord quinze, puis jusqu'à vingt-cinq ou trente détenus à chacune de ces réunions et j'en faisais jusqu'à trois par jour, soit une douzaine de rencontres collectives chaque semaine.

Seules des liturgies pleines de foi communicative, de compréhension et de communion à ce qui se passait dans les cœurs pouvaient me permettre de révéler à beaucoup la proposition de paix du Seigneur. C'est la raison pour laquelle je me suis investi à fond dans ces liturgies.

Mais lorsqu'un homme découvrait le Seigneur dans ces réunions générales, ensuite j'avais pour lui un autre style de réunion qui comprenait la messe. Ce qui faisait trois messes tous les jours, suivies de réunions d'ensemble.

Ces rencontres étaient donc de trois sortes : les réunions générales que j'appellerai « foutoirs », puis celles où était dite la messe, et enfin les séances de préparation au baptême.

1. Les réunions « foutoirs »

Elles rassemblaient une trentaine de participants. Je réunissais chaque semaine tous ceux qui voulaient bien venir, autant par curiosité que pour se distraire ou pour pouvoir échanger quelques mots. Ils ne venaient pas pour prier, n'étaient pas mûrs pour la messe ou même ne savaient pas ce que c'était. D'autres avaient une certaine sympathie, disons, pour ma personne, et pour ce qu'elle leur disait. Je commençais toujours par annoncer la Parole de Dieu de façon vivante, forte, mais ils ne pouvaient pas l'entendre bien longtemps.

Tout d'un coup, tous se mettaient à parler à droite, à gauche. Alors je laissais faire, je laissais dire, et dès qu'il y avait un trou, à nouveau, avec force, j'annonçais la Parole de Dieu : « Tu viens de dire ceci, si j'ai bien compris. Eh bien ! tu es plus malin que tu ne crois parce que voilà ce que cela veut dire », et j'expliquais par l'Évangile. Cela durait deux ou trois minutes, puis le brouhaha recommençait, et ainsi de suite.

Chose étonnante, à travers cette espèce de réunion libre,

avec un peu de chahut et des petits moments d'écoute, ces hommes qui, pour la plupart, n'avaient jamais entendu parler de Dieu ou qui lui avaient tourné le dos parce qu'ils n'avaient pas très bien compris, tout d'un coup, pour quelques minutes, se mettaient à écouter. Au bout de quelques mois, j'en voyais certains venir à l'autre réunion, celle de la véritable liturgie, de la véritable profondeur dans le Christ ressuscité. Ils étaient là, ils y avaient maintenant leur place.

2. Les réunions normales

Lorsqu'ils arrivaient des cellules, je les accueillais à la porte, avec une poignée de main chaleureuse pour chacun, mon regard bien planté dans chacun des regards pour dire toute mon affection, toute ma souffrance avec sa souffrance à celui dont je savais qu'il n'en pouvait plus. Le regard était accompagné d'un mot particulier pour chacun. Et si j'ai eu cette attitude, je crois que c'est simplement par amour.

Bien souvent me revenait à ce moment-là une petite phrase de l'Évangile : « *Le berger connaît ses brebis et ses brebis le connaissent.* » Je ressentais combien cette parole était vraie. Je me sentais habité par l'Esprit qui me propulsait dans l'amour, la tendresse, le désir de voir chaque homme entrer dans la tendresse même de Dieu.

Ce climat de foi chaleureuse et portante, il m'a fallu le créer. Car beaucoup, au début de ma présence à Bois-d'Arcy, ne venaient que pour causer, se détendre et partager un peu d'amitié. Au bout d'un certain temps, et petit à petit, c'est étonnant comme j'ai vu le climat se créer et quand la messe commençait, alors le silence aussi commençait. Au fur et à mesure que je parlais, je le sentais venir, s'établir, s'approfondir. D'année en année, il allait s'intensifiant, jusqu'à impressionner les visiteurs qui de temps en temps nous rejoignaient. Plusieurs m'ont dit n'avoir jamais rencontré en paroisse cette densité de recueillement.

Je faisais une explication de texte selon une manière que le Seigneur m'avait donné de découvrir. Ma manière était la suivante : sentant la souffrance particulière de chacun de ceux qui étaient là, je leur décrivais en un premier temps ce que l'on ressent en prison et comment telle ou telle parole du Seigneur Jésus s'adresse à des gens qui vivent les mêmes choses qu'eux. Bref, ils se sentaient reconnus, ce n'étaient plus des généralités, et la réponse que j'apportais avec l'Évangile était obligatoirement une réponse vraie, lumineuse dans son explication, parce que j'avais l'esprit clair là-dessus. Ils recevaient à la fois la description de leur souffrance et la réponse que le Christ Jésus y apportait. Alors, ils se reposaient, je crois que c'est le mot qui convient, ils se détendaient, et dans cette grande salle commune, plusieurs souvent me l'ont dit, ils n'étaient plus en prison.

Du reste, ils étaient venus à ces réunions par choix personnel ; personne, bien sûr, ne les avait obligés à venir. C'était un choix et là, alors que dans la prison règne un climat d'indifférence, même si on se dit bonjour en passant, avec une certaine superficialité, là, ils descendaient dans la profondeur de leur être douloureux ; ils en prenaient conscience dans une certaine paix et découvraient aussi qu'ils n'étaient pas seuls dans cette situation, puisque quelqu'un était en mesure de décrire ce qu'ils ressentaient. Ils s'apercevaient que leur cas était celui de beaucoup d'autres. Ils étaient donc dans une situation générale normale, disons normale dans son anormalité, dans sa souffrance, dans sa douleur. Enfin ils n'étaient pas des monstres et Dieu lui-même, en ce recueillement si profond, les enveloppait de son amour. Alors ils se détendaient, et moi qui parlais, en les regardant, je voyais au bout de quelques minutes tous les yeux fixés dans mes yeux, et jusqu'à la fin de l'heure, ils n'allaient pratiquement pas en bouger sinon pour se fermer ou se baisser dans un recueillement impressionnant.

3. Une réunion pas comme les autres

Un jour — j'étais là depuis deux ans — est arrivé un événement exceptionnel qui m'a beaucoup marqué.

C'était le début de la rencontre et tous les yeux étaient fixés aux miens comme d'habitude. Je parlais et ces regards qui me faisaient confiance, ces regards qui m'appelaient en même temps, donnaient à ma foi, si j'ose dire, une capacité d'élan, d'expression, d'amour. Alors le silence allait grandissant. Je ne sais si vous avez fait cette expérience impressionnante de parler, et de sentir toute une salle qui vibre au rythme, au ton, à l'intensité, somme toute à la conviction de foi et à l'émotion profonde de votre être à vous. La salle unifiée fait bloc comme une seule personne, et l'on vit tous et chacun au même rythme de foi et d'émotion.

C'était souvent comme ça et vous devinez la joie de celui qui ne parle pas pour faire passer ses idées à lui, mais les paroles du Christ qui, lorsqu'il a eu 13 ans, l'ont lui-même bouleversé et ont changé sa vie. En ce moment de grâce collective, il me semblait expérimenter ce que ressentait Thérèse Martin lorsqu'elle priait avec ses sœurs au belvédère à 13 ans ; c'était, disait-elle, comme si Dieu était présent à notre groupe. Nous n'avions plus besoin de la foi, de l'espérance et de la charité pour entrer en contact avec Dieu. Il était là. *Même si les plus grands savants du monde étaient venus, ils n'auraient pu nous en remontrer.*

Je faisais l'expérience aussi qu'à ces moments-là se réalisait en moi la promesse du Christ :

> *Quand vous passerez en jugement* [et annoncer
> la Parole de Dieu, n'est-ce pas passer
> en jugement devant ceux qui vous écoutent ?]
> *ne cherchez pas ce que vous aurez à dire,*
> *car l'Esprit parlera par votre bouche.*

Je n'avais en effet à chercher ni mes idées, ni mes mots. L'eau de la Parole coulait spontanément et de plus en plus fort, une eau vivifiante qui rafraîchissait tout ce groupe angoissé et douloureux qui en avait tant besoin.

Voici donc qu'un jour où cette unité du groupe s'était établie dans la paix habituelle et que tous écoutaient attentivement dans le recueillement, les yeux dans mes yeux, je m'aperçois tout à coup, en continuant à parler, que leurs yeux ont quitté les miens. Que se passe-t-il ?

Je remarque que tous les regards passent au-dessus de ma tête et montent vers l'angle du plafond au-dessus de moi. Mais que regardent-ils ? Alors, tout en continuant à parler, je me retourne et je m'aperçois qu'à l'endroit où convergent tous les regards, il y a une icône que j'ai mise là, dans un endroit favorable à cause de la lumière. Elle représente le visage du Christ sur le linceul, le Saint Suaire, mais des yeux pleins de paix et de bonté y ont été peints, si bien que c'est le vrai visage de Jésus qui est là. Et tous les yeux des détenus convergent vers ce regard ; ils écoutent une voix qui sort de la bouche de ce visage merveilleux, mais cette bouche qui parle en dessous, c'est la mienne. Et moi, en une seconde, je saisis que ce n'est pas moi qui parle, que c'est un autre ! celui dont le visage est là, au-dessus de ma tête, et qui parle à travers moi.

Quelle émotion ! Quelle joie ! Tous ceux qui entendaient les paroles qui sortaient de ma bouche sous le souffle de l'Esprit savaient comme d'instinct que ce n'étaient pas paroles d'homme, mais Parole de Dieu. Aussi tous, sans aucune exception, et comme d'instinct, levaient ensemble les yeux vers ce visage du Christ, de la bouche duquel, par la mienne, sortaient ces paroles qui les rafraîchissaient, qui leur rendaient la paix et qui les recréaient.

J'étais comblé et je me disais : comme il est irremplaçable dans nos prisons le rôle de l'aumônier, porteur de la Parole vivante et guérissante du Seigneur, et quelle merveilleuse mission que celle d'aumônier de ces maisons de peine !

4. François, fondateur

Quel peut être l'impact de ces rencontres d'ensemble sur tel ou tel détenu ?

Je me rappellerai toujours ma première rencontre avec François. Je ne l'avais jamais vu dans la prison et lorsqu'il est arrivé dans le couloir, face à la porte d'entrée de l'aumônerie où je me tenais pour donner la poignée de main habituelle à chacun, je fus comme secoué. Il émanait de cet homme — d'environ 25 ans, un blue-jean serré, des tatouages partout jusque sur la figure, jusqu'autour des yeux, de grands cheveux filasse qui tombaient autour de sa tête, des grosses bagues aux doigts, des dessins plein les mains — un regard tout à fait étonnant, interrogateur, puissant, trahissant une forte personnalité prête au défi. Forte poignée de main, les yeux dans les yeux, puis il est allé se mettre seul tout au fond de la salle, le long du mur. Un pied sur la chaise d'en face, son coude sur le genou et la tête dans sa main, en position de penseur, il me scrutait. À partir de ce jour, il est venu régulièrement, identique à lui-même, pratiquement sans un mot.

Au bout d'une année environ, il a été libéré. Très peu de temps après, il est venu me voir chez moi, à Versailles, où j'habitais alors. Notre relation dépassait déjà la sympathie profonde. Nous avons parlé de son activité de maître chanteur qui avait fait trembler certaines personnalités de la ville et lui avait valu la prison. Je le savais déjà par plusieurs personnes qui étaient venues me voir, effrayées par sa prochaine libération.

Plus tard, il m'a avoué que le vrai motif de sa venue à mon domicile était de savoir si je vivais en accord avec ce que j'annonçais à la chapelle de la prison. Heureusement, il y a rencontré plusieurs de ses anciens codétenus de Bois-d'Arcy qui vivaient en amitié chez moi, dans mes deux pièces, avant de pouvoir reprendre leur autonomie.

Plusieurs mois après, François est revenu en prison. Il a repris sa place, tout seul, au fond de la salle de l'aumônerie, dans la même position interrogative. Mais son écoute était plus ouverte après ce qu'il avait constaté de ma manière de vivre. Longs mois encore de détention durant lesquels, alors qu'il assistait à la messe et que nous venions de chanter : « Lave-moi, Seigneur, purifie-moi, prends pitié de moi car mon péché je le connais... », je l'ai vu tomber en avant sur la chaise d'en face. Sa tête s'appuyait sur ses bras tandis que ses épaules montaient et descendaient au rythme de ses sanglots....

Sitôt l'office terminé, je l'ai rejoint.

« Alors François, lui ai-je dit, quelque chose vient de se passer, n'est-ce pas... ?

— Oh oui, père... », m'a-t-il répondu en relevant son visage tout embué de larmes. Et, reprenant son souffle, il a ajouté :

« Je ne sais pas ce qui s'est passé, mais ce qui faisait mon orgueil fait maintenant ma honte. »

Le Dieu de Lumière venait de le pénétrer... Tous les mauvais coups qu'il avait faits et dont il se vantait avec orgueil lui apparaissaient maintenant sous leur vrai jour.

Un homme nouveau venait d'apparaître.

Avant sa nouvelle libération, il est venu me voir et m'a dit : « Mon milieu d'avant mon incarcération n'était pas bon. Alors voilà ce que je vais faire. Pourriez-vous me trouver une pièce où je serai seul, tout seul, où l'on m'apportera à manger ? J'y resterai huit jours pour prier et noter tout ce qui m'a frappé dans ce que vous avez dit à l'aumônerie et ce que le Seigneur m'a fait comprendre. »

La pièce a été trouvée, non sans mal. Il a rempli tout un cahier, a longuement prié. Puis, pendant un an, François est venu avec moi témoigner, lors de mes conférences, de sa rencontre du Seigneur et de l'évolution qui s'ensuivit pour lui.

Il avait des diplômes d'électricien et avait retrouvé un travail. Il m'a dit : « Je voudrais donner toute ma vie au Seigneur et je voudrais faire de l'accueil, mais pas comme vous avez envisagé de le faire. » Je lui ai demandé s'il pourrait venir mettre l'électricité sur une grande péniche que je commençais à aménager pour les sortants de prison et ensuite se joindre à l'équipe qui dirigerait cette maison d'accueil.

Or, un jour, lors d'un de nos week-ends du Bon Larron[1], François s'est trouvé comme par hasard à côté d'un mon-

---

1. Voir en fin de volume, p. 182.

sieur qui voulait donner une maison pour l'accueil des anciens détenus. Il l'a acceptée et a entrepris de l'aménager.

J'avais aussi orienté vers lui une visiteuse, alors qu'il était détenu. Il s'entendait fort bien avec elle tant pour la prière que pour la manière d'accueillir les anciens détenus. Elle et quelques autres religieuses de son ordre se sont jointes à François. Ils ont travaillé de leurs mains pour achever l'aménagement de la maison, l'agrandir d'une dizaine de pièces et l'ouvrir à l'accueil. La petite communauté de religieuses et François, que je chine en l'appelant « père supérieur », disent ensemble l'office chaque jour, et mènent l'entreprise avec le conseil d'administration qu'ils ont su réunir. Leur initiative s'étend même maintenant aux autres branches d'accueil et de réinsertion d'anciens détenus ou marginaux. Cette maison fonctionne depuis plusieurs années maintenant.

Voilà ce que la Parole de Dieu, longuement écoutée en prison, a fait de François. Quelle résurrection !... à laquelle tant de malheureux accueillis ont dû ou devront leur nouveau départ dans la vie et peut-être dans la foi.

5. Les musulmans

Souvent, on m'a demandé quels étaient mes rapports avec les musulmans en détention. Je peux répondre en peu de mots : nous étions en relation d'amitié sincère, basée sur notre connaissance et adoration profonde du Dieu vivant. Ils avaient la même place que tous les autres détenus dans mon souci pastoral. Je les aimais et cela se voyait. Plusieurs fois, l'un ou l'autre des gradés m'a dit : « Monsieur l'aumônier, vous êtes donc aussi l'aumônier des musulmans ! »

Ceux-ci avaient soif de prières collectives, comme ils en avaient vécu à la mosquée. Mais les imams ne venaient pas à la prison, bien qu'ils eussent pu le faire. Cette absence était incompréhensible aux détenus musulmans et les choquait d'autant plus qu'ils faisaient la comparaison avec les aumôniers chrétiens.

Dans la confiance et l'amitié, ils se rapprochaient donc de moi, et sachant par ouï-dire l'atmosphère profonde de nos offices, un bon nombre me demandaient : « Accepteriez-vous que je vienne à vos messes ? »

Impossible pour moi de répondre non, parce que je les aimais en chrétien que je suis, c'est-à-dire en homme qui sait la richesse irremplaçable de la connaissance du Christ et qui ne peut pas ne pas vouloir faire partager cette force unique de Christ-Jésus.

Mais je savais que beaucoup seraient scandalisés, choqués, blessés, lorsque, dépassant l'atmosphère de recueillement profond qui régnait dans nos messes, ils découvriraient que tout au long de notre prière, c'est le Christ que nous affirmions « fils de Dieu » et que nous adorions comme Dieu, égal à Dieu. Que leur répondre ? Cette petite phrase de l'écriture m'a éclairé :

Celui qui fait la vérité vient à la lumière.

C'était cela qu'il fallait : faire la vérité avec eux et les laisser libres de choisir s'ils devaient venir ou non à la messe de l'aumônerie.

Personnellement, je souhaitais qu'ils choisissent de venir, car c'était pour eux l'occasion (même si elle était au premier abord choquante, voire douloureuse) de saisir qu'une grande partie des croyants du monde considéraient le Christ Jésus tout autrement que le présentait le Coran, et que cela pourrait en aider certains à Le découvrir dans l'Évangile.

Telles étaient ma réflexion et ma prière ; j'ai essayé de mettre en pratique ce qui en était sorti en disant à chacun de ceux qui me posaient la question de leur participation à la messe : « Je ne te répondrai ni oui, ni non. Ce sera à toi de choisir après que je t'aurai précisé certains points de nos croyances, la tienne et la mienne. Dans le Coran, Jésus est présenté comme un homme et un grand prophète. Dans l'Évangile, il est dit que Jésus est Dieu, fils de Dieu, en tout égal au Père. Le Coran affirme et proclame que Dieu est unique, qu'il ne peut avoir de fils. Or tout au long de la messe, les chrétiens proclament que Jésus est le fils de Dieu, L'adorent et Le prient comme l'égal du Dieu unique.

« Cela étant bien précisé, tu es autorisé, bien sûr, à venir dans la salle d'aumônerie quand la messe y est célébrée. Tu y seras avec ton corps, tu pourras écouter, regarder, mais te joindre à la prière dans sa forme chrétienne, tu ne le pourras pas, sous peine de te situer et de prier à l'encontre de ce que dit la foi musulmane. Choisis ce que tu as à faire, mais sache que je prie avec toi pour ta décision. »

Lorsqu'ils arrivaient à l'aumônerie où la messe se déroulait, ils appréciaient le climat de recueillement profond qui y régnait. C'est cela qui leur manquait. Mais dès que, dans la prière, ils entendaient l'affirmation que Jésus est le fils de Dieu et que tous les chrétiens dans la salle montraient non seulement qu'ils y croyaient, mais qu'ils Le priaient comme Dieu et fils de Dieu, alors l'impossible pour eux se déroulait là sous leurs yeux et les bouleversait. Plusieurs fois, j'en ai vu se lever, scandalisés, je ne dirai pas furieux, mais plutôt dans une sainte colère, et répéter plusieurs fois avec force : « Dieu n'a pas de fils. Dieu ne peut avoir de fils. »

Je les laissais dire un petit moment, puis je calmais le jeu en soulignant nos différences dans l'approche de Jésus comme un fait qu'il nous fallait bien remarquer les uns et les autres. J'expliquais qu'ici, nous étions en train de célébrer une messe, que les chrétiens étaient venus pour cela, qu'il nous fallait la continuer, que nous aimions nos frères musulmans et respections leur croyance, qu'il était bien compréhensible que notre célébration les choque et que si l'un ou l'autre préférait regagner sa cellule, il pouvait le faire en toute liberté et amitié. J'ajoutai même une fois que, en visite à Oran chez un ancien détenu de Bois-d'Arcy, j'aimais aller de temps en temps à la mosquée attenante prier avec mes frères musulmans, ce qui ne signifiait pas que j'abandonnais ma foi chrétienne.

Le nombre de musulmans présents à nos messes diminuait par moments pour remonter à d'autres puis rechuter, mais toujours il y en eut un certain nombre. Pour ceux qui sont venus, je suis persuadé que cela a été un éclairage, une ouverture religieuse, allant plus ou moins loin selon chacun. Pour certains, cela a été on ne peut plus loin, puisqu'ils ont fini par demander le baptême.

Tous mes confrères de l'Aumônerie française étaient loin d'être d'accord avec ma manière de faire. Pourtant, quelques années après, je m'aperçus qu'elle correspondait à ce qu'écrit Jean-Paul II dans l'encyclique *Redemptoris Missio*, au numéro 55, au sujet des musulmans, ce qui m'a confirmé que ma position était bien celle encouragée par l'Église.

L'encyclique dit en effet :

Bien que l'Église reconnaisse volontiers tout ce qui est vrai, saint, dans les traditions religieuses du bouddhisme, de l'hindouisme et de l'islam, comme un reflet de la vérité qui éclaire tous les hommes, cela ne diminue pas son devoir et sa détermination de proclamer sans hésitation Jésus-Christ.

Le fait que des adeptes d'autres religions puissent recevoir la grâce de Dieu et être sauvés par le Christ en dehors des moyens ordinaires qu'Il a institués n'annule donc pas l'appel à la foi[1].

[...]

On objecte : vous devez respecter la liberté de conscience. Réponse : oui, c'est vrai, mais la liberté de conscience suppose la liberté religieuse, c'est-à-dire la liberté de choix entre diverses solutions religieuses, ce qui suppose que l'on

1. *Redemptoris Missio*, n° 55.

connaisse les diverses solutions. C'est pourquoi la liberté de conscience réclame que la solution du Christ soit proposée, la solution totale qui comprend le baptême, source de la vie du Christ en nous[1].

Au numéro 95, l'encyclique parle aussi de « *la fallacieuse base du raisonnement sur laquelle s'appuie la tendance à ne pas proclamer Jésus-Christ aux musulmans* ». Et précise au numéro 115 que « *plus spécialement les prêtres qui se trouvent dans les zones à minorité chrétienne doivent être mus par un zèle et une volonté missionnaire particuliers* ».

Pour ceux des musulmans qui venaient aux messes, la solution du Christ, comme dit l'encyclique, était proposée. Mais les réactions étaient différentes.

Pour ceux qui n'avaient jusque-là aucune idée de ce que pensaient les chrétiens, c'était le scandale, la révolte contre une énormité impensable. Il leur était impossible de ne pas protester avec véhémence. Certains de ceux-là ne revenaient plus.

Pour ceux qui persévéraient, l'écoute devenait petit à petit possible. Tout en restant enracinés en leur foi initiale, ils continuaient de venir pour profiter du climat de recueillement en groupe dont ils avaient besoin.

Pour d'autres encore, au bout d'une année, temps qui semblait nécessaire pour en arriver là, ils se sentaient tellement interrogés qu'ils poussaient la recherche, laquelle

1. *Ibid.*, n° 8.

aboutit pour quelques-uns à une demande de baptême. Voici deux exemples.

Mohammed

Mohammed était un jeune homme de 25 ans, œil vif, gentiment moqueur, chaleureux, sportif, ayant une forte personnalité. Je savais qu'il avait déjà fait une assez longue peine de prison en Algérie.

La première fois qu'il est venu à la messe, amené par des camarades, il écoutait, regardait, un peu sous pression. Dès qu'il m'a entendu parler du Dieu-Amour, il s'est levé, furieux, et n'a pas arrêté de protester de façon véhémente, si bien qu'on n'arrivait pas très bien à comprendre ce qu'il voulait dire. Impossible de continuer la messe. Je m'apprêtais à le faire sortir de la salle lorsqu'un de ses amis est intervenu : « Père, c'est un cri de douleur ! Il a été torturé chez nous, si vous saviez ce qu'il a souffert ! » Je lui ai demandé de nous expliquer plus calmement ce qui lui était arrivé — ce qu'il a fait. Nous en étions tous bouleversés, et lui s'est rassis, apaisé. Nous avons tous prié pour lui et continué la messe.

Par la suite, il est toujours revenu, accueillant dans un cœur ouvert la Parole annoncée du Seigneur. Il m'appelait souvent dans sa cellule pour dialoguer et prier ensemble. Le nombre d'heures qu'il passait chaque jour à la lecture de l'Évangile et à la prière était impressionnant. Par moments, il le faisait à genoux, des heures durant, dans une profonde contemplation.

Assez vite, il s'est mis à intervenir fort à propos au cours des messes et citait de mémoire les textes du Nouveau Testament, avec leurs références. Je me suis aperçu qu'il avait parfaitement enregistré et digéré tout l'Évangile.

Un beau jour, ce qui devait arriver arriva. Il m'a demandé le baptême. Souhaitant qu'il mûrisse encore dans la foi et que sa demande soit bien motivée, je l'ai fait attendre ; d'autant plus qu'il devait retourner en Algérie. Lui ne l'a pas entendu de cette oreille. Après quelques mois, il m'a écrit une longue lettre de trois pages, où il protestait et disait :

De quel droit repoussez-vous mon baptême ? J'ai écouté ce que vous disiez aux messes, j'ai lu l'Évangile. Je suis certain que Jésus est le fils de Dieu, ressuscité. Je l'aime et je veux l'accueillir en moi. C'est moi qui décide pour ma vie et pas vous. Baptisez-moi.

Alors je lui ai donné le baptême dans la chapelle de l'aumônerie. Lors de la cérémonie, il y avait plusieurs personnes de l'extérieur qui avaient été autorisées à venir, ainsi que beaucoup de détenus.

Lorsque je lui ai posé la question : « Mohammed, crois-tu que Jésus est le fils de Dieu ? », la réponse a été : « Non, je ne crois pas » (vous auriez vu la figure de tout le monde qui s'est regardé, un peu effaré !). « Non, je ne crois pas », a-t-il répété ; puis, après quelques secondes de silence, il a repris avec plus de force encore : « J'en suis sûr. »

Il est reparti après cela dans d'autres prisons de France où son visiteur et moi avons continué à aller le voir, à lui écrire, et chaque fois qu'il était muté, nous prévenions l'aumônier de sa nouvelle prison de son arrivée et de son histoire.

Puis il est reparti en Algérie. Depuis nous nous écrivons régulièrement. Je suis même allé le voir, chez lui, une quinzaine de jours et l'ai confié à un prêtre catholique qu'il va voir régulièrement. Par la suite, révolté par ce qui se passait dans son pays, il s'est lancé dans la politique. Comment rester inactif avec de tels sentiments au fond du cœur ? Alors il a été arrêté de nouveau. De sa prison, située en plein désert, il nous fait parvenir des lettres qui nous laissent deviner à mots couverts sa terrible épreuve mais aussi combien il vit de sa foi, car sur ce point aussi, il doit rester discret. Cependant, son dernier courrier nous annonce à quel point il rayonne la foi de son baptême, foi sans cesse purifiée et fortifiée par l'épreuve. Un peu partout, en effet, dans la prison on entend résonner le *Notre-Père* récité à haute voix par nos frères musulmans. Que de fruits lointains porte l'audacieuse annonce de la Parole de Dieu dans nos prisons de France ! De notre côté, nous aidons sa famille en lui envoyant bien des choses.

Mustapha

Voici un autre musulman, un homme d'environ 40 ans, cultivé, qui connaissait parfaitement son Coran. Silencieux, contemplatif, il se mettait là, dans le fond, et ne bougeait plus, les yeux fermés. Au bout d'un an (c'est souvent le délai de cette sorte de mûrissement), il est venu me dire :

« Père, vos paroles ont d'abord piqué ma curiosité, puis questionné. Pendant un an dans ma cellule, j'ai écrit un parallèle entre le Coran et l'Évangile, et je suis arrivé à la certitude suivante : cet homme-là, Jésus, prétend être Dieu et je le crois. Voulez-vous me baptiser ? »

C'est comme ça que nous l'avons baptisé, lors d'un week-end du Bon Larron, à Versailles. À sa sortie de prison, il a vécu seul, dans une pauvreté proche du dénuement. Heureusement, il a été pris en charge par un groupe de prière qu'il fréquentait régulièrement et une paroisse dont il ne manquait jamais la messe. Durant près de deux ans, sans pouvoir trouver de travail, il se mettait en adoration toute la journée, paisiblement, en homme de prière.

Lorsqu'il a pu trouver une embauche, il est venu habiter dans un foyer musulman de Nord-Africains, et là, il rayonne sa foi. Il l'affirme devant ses frères et ose l'annoncer paisiblement aux imams qui viennent de temps en temps. Et cela dure depuis dix ans. Quand un homme est vraiment sincère, continue à respecter ses frères dans leur foi musulmane et qu'il présente la sienne dans toute sa paix et la profondeur de sa croyance personnelle, tout se passe bien.

Pour finir sur ce point, parlons de ce jeune musulman de 18 ans. Il venait régulièrement aux messes et, un beau jour, il m'écrit de manière phonétique, que je vous traduis :

Quand je monte le grand escalier, après la messe, pour regagner ma cellule, je suis heureux et je chante. Alors, je me suis dit : mais qu'est-ce qui t'arrive ? Tu es toujours en prison. Ah ! ce sont les paroles de cet homme ! Alors, Père, venez dans notre cellule. Nous sommes six de mon âge. Nous allons prier ensemble.

J'y suis donc allé. Tout autour de la cellule, il y avait des citations du Coran qu'ils avaient écrites sur de grandes feuilles. Ils m'ont accueilli, tout joyeux, et m'ont dit : « Priez, Père, priez. » C'est ce que j'ai fait à haute voix, et ils alternaient avec moi, à leur façon. Je suis revenu plusieurs fois, et un jour, comme je partais, l'un d'eux m'a dit : « Tu pries exactement comme mon grand-père. »

6. Préparation au baptême

Nous sommes toujours dans la grande salle de la prison qui sert de chapelle. La troisième catégorie de réunions était celle de la préparation au baptême.

Cette préparation au baptême rassemblait ceux qui, baptisés ou non dans leur enfance, étaient désireux de mieux connaître le Christ. Ils en espéraient force et courage pour vaincre les difficultés de la détention. La plupart avaient été éveillés à ce désir par leur présence aux premières catégories de rencontres, soit aux messes, soit aux réunions où, volontairement, je laissais place à un certain chahut. Maintenant, autant qu'une préparation au baptême, c'était une sorte de catéchèse dont ils avaient besoin pour guider leurs premiers pas dans la foi.

J'avais jusqu'à cent détenus inscrits à cette préparation au baptême ! Pour savoir l'attachement que portaient les détenus à ce type de rencontre, voici un témoignage.

Philippe veut se libérer de la drogue

Ah, Père, je viens par cette lettre vous dire qu'on m'a mis au D4 et que, puisque je suis au mitard [c'est une cellule qui n'a aucun meuble. En fait de lit, il y a une espèce de bat-flanc en ciment sur lequel on met heureusement un matelas le soir. Mais on n'en sort pas, on y reste toute la journée, et l'on ne descend pas aux réunions quelles qu'elles soient], *je ne pourrai pas être présent à la préparation au baptême de vendredi matin ; mon Père, être dans ce lieu de punition, au mitard où je suis actuellement, je dois vous l'avouer, m'est beaucoup moins pénible et beaucoup moins triste que de ne pas assister à cette préparation au baptême.*

En effet, pour moi, le jour de cette réunion, c'est le jour réel, vivant, ensoleillé, amical, confiant, rassurant de la semaine. Ah oui, tous ces huit jours, j'attends avec impatience l'instant où nous sommes réunis autour de vous qui mettez de l'espoir, de l'éternité dans nos cœurs ; grâce à vous, Père, qui êtes venu un après-midi pour me voir dans mon lieu de punition, il y a un an, je sais ce qu'aimer, vivre, endurer et éprouver veulent dire ; je vous ai vu le vivre devant moi et pour moi.

À vous qui êtes venu vers moi en ami confiant, n'ayant ni crainte, ni dégoût d'approcher la maison de Satan qui est maintenant devenue grâce à votre passage la maison de Dieu, à vous, je peux dire que je vous dois ma nouvelle vie dans du nouveau ; ah ! comme elle est belle, cette nouvelle vie qui est descendue en moi et je sais à qui l'offrir et je sais à qui la dédier. Je l'offre, voyez-vous, à celui qui est avec moi en ce moment et qui transforme ma petite épreuve en joie. Oui, je la dois à mon Seigneur Jésus ; ah ! si j'avais la volonté assez forte pour repousser les paradis artificiels de la drogue, les anges du démon avec leurs tentations, qui m'assaillent si souvent, si je L'aimais pour de bon, eh bien, je pourrais voir de plus belles choses encore.

J'ai lu ça, Père, l'autre jour dans l'Évangile que je reprends maintenant et que je comprends. Je sais qu'à travers toutes ces histoires, il y a un message pour moi. [...]

Mais voyez, pour moi, c'est très dur d'effacer les images, tout le secouement qui m'envahit à propos de la drogue, à propos de ce que j'ai vécu, tout ça monte en moi, tout ça s'impose à mon esprit, et je crois que pour dominer tout cela, je n'y arriverai jamais seul, mais Lui il va me la donner ; je lui demande à Jésus de me donner cette force ; mais pour l'instant c'est pas encore arrivé. Vous vous demandez pourquoi peut-être je vous écris. Eh bien, c'est pour vous dire que, bien que je n'aie pas encore dominé toute cette histoire de drogue, toutes ces images à leur propos qui montent vers moi, je suis bien dans mon âme, bien dans mon cœur, bien dans ma peau, voilà ce que je suis déjà devenu. Et cette espèce de bonheur qui monte en moi, cette béatitude, Père, voilà pourquoi je vous écris, c'est le fruit de votre travail. Vous m'avez présenté le Seigneur avec toute votre foi, avec toute votre ardeur, et j'ai été secoué, j'ai été bouleversé. Je veux aussi vous dire que je viendrai à vos enseignements, à vos rencontres à l'aumônerie, à vos rencontres pour la préparation au baptême, jusqu'à ce que la clarté soit faite complètement en moi sur la personne de notre Seigneur Jésus ; en tout cas, Père, sachez que si je ne peux assister à la réunion de préparation au baptême vendredi prochain, parce que je serai encore à la salle de punition, je serai malgré tout parmi vous, présent par le cœur et par la pensée. Pourriez-vous me rendre visite au mitard ou alors dans ma cellule si j'y suis revenu ? Ah ! je serais si heureux. D'avance, je vous remercie.

7. Les grandes fêtes

Les liturgies des grandes fêtes étaient préparées avec un soin particulier. En effet, elles étaient pour moi, aumônier de ces gens de grande souffrance, l'occasion d'inviter ceux qui ne venaient pas encore aux rencontres d'aumônerie où la Parole était dite. Par la grâce particulière de la fête célébrée, la lumière du Christ y éclatait avec une force et une douceur particulière.

On mettait dans chaque cellule une invitation personnelle pour chaque détenu. Quelquefois, ils étaient 1 500 dans la prison et nous faisions autant d'invitations, avec un dessin sur chacune et quelques mots qui résumaient le mystère de la fête — mystère de Noël, de la Résurrection ou de la Pentecôte. Il fallait que chacun s'inscrive et nous avions de 600 à 700 inscriptions. Dans une prison d'arrêt où les gens sont en cellule, on redoute les réunions générales pour diverses raisons. Aussi le nombre qui était autorisé pour une messe ne dépassait pas 100 à 120 personnes, mais petit à petit, d'année en année, j'avais obtenu de pouvoir célébrer six messes réparties entre la veille et le jour de fête, ce qui me permettait de répondre ainsi à toutes les demandes de participation.

J'invitais aussi à ces messes des gens de l'extérieur ; mais ils n'étaient autorisés qu'au compte-gouttes, si je peux dire, par l'Administration. Certaines années, une petite chorale de cinq ou six personnes pouvait venir ; d'autres fois, on m'avertissait la veille que même les instruments de musique étaient interdits ! Ce n'était pas commode, mais je m'obstinais, car le fruit de ces grandes fêtes était assez remarquable.

Patrice, drogué et dealer

Il a 25 ans et m'écrit :

Depuis cinq mois, je suis à Bois-d'Arcy. Merci, oh, merci pour les messes de Noël, c'était splendide, cet élan, cet enthousiasme et puis toutes ces personnes de tous âges que vous aviez invitées, aussi proches de nous. Une visiteuse est venue s'asseoir près de moi, comme les autres d'ailleurs, dans les rangs des détenus, parmi nous. Je sentais son attention à ma personne, elle m'a tenu la main, on sentait que le Christ était là dans cette salle. On sentait que cela venait tellement du fond du cœur.

Père, je peux vous assurer que ça touchait beaucoup de détenus, même ceux qui ne viennent jamais à l'aumônerie. Je crois que cela a été un déclic dans la foi pour beaucoup.

Voyez-vous, à cause de cet office, malgré la détention, moi j'ai vécu cette semaine entre Noël et le jour de l'an, j'ai vécu cette semaine de fêtes, qui est pourtant si triste en général pour les détenus, eh bien, j'ai vécu toute cette semaine sans aucun regret d'être là et non dehors, en liberté. Incroyable, n'est-ce pas ?

Depuis cette messe, mon bon Seigneur a pris place dans ma vie. Je le prie chaque soir, voyez-vous, je ne suis plus seul. Quant à la faute que j'ai commise et pour laquelle je suis là, je la partage avec Jésus tout au long du jour dans mes prières, je sais qu'il m'a pardonné ; ***jamais plus je ne serai seul.***

Depuis cette messe, ma vie n'est plus la même. Cette vie de prison m'est devenue vivable, je la partage, instant par instant, avec Jésus que j'ai découvert à Noël, il m'a rendu la foi. Je sais maintenant qu'il nous regarde tous continuellement avec amour, quoi que nous ayons pu faire, et maintenant à cause de cela je vais savoir mener un chemin droit et tous les jours maintenant que je passe ici, je le remercie, toutes ces journées sont bien, je vous assure, je me sens, je vous le jure, tellement mieux dans ma peau.

Patrice va être libéré, mais il n'a nulle part où aller. Heureusement, notre péniche *Tibériade* va pouvoir l'accueillir, et non seulement le loger et le nourrir, mais l'aider à rester dans le climat de prière et de foi dont il a maintenant besoin.

Il m'a demandé de célébrer son mariage, où il avait invité autour d'une table une dizaine de permanents de la lutte contre le sida, avec qui il avait eu affaire. En me plaçant au milieu d'eux, il me dit bien fort, pour que tous entendent : « À vous de prier, Père, car aucun d'eux ne croit en Dieu. Ce n'est pas normal. Mais je n'arrive pas à les convaincre. Alors, à vous ! »

Alexandre

Voici ce que dit des fêtes un autre détenu qui a été changé de prison et en garde un peu la nostalgie.

Oui, je pense souvent à vous et particulièrement ce dimanche de Pâques où j'aurais tellement aimé vous entendre. Je ne sais comment exprimer ce que j'ai ressenti en vous écoutant dans cette grande salle. J'avais l'impression que c'était Dieu lui-même qui parlait par votre bouche. Bien des camarades étaient attirés à venir écouter.

Ce que je trouve formidable, c'est qu'ils venaient de toutes les confessions : musulmans, juifs, protestants, tous étaient pendus à vos lèvres, vous nous faisiez admettre que nous étions pécheurs, mais que Dieu pardonne aux repentants, et nous sortions de là apaisés. Comme à chacune de vos réunions. Mais ce n'est pas seulement cela, vos paroles portaient quelque chose de plus, quelque chose d'inexplicable, est-ce la gentillesse ? est-ce le pardon ? est-ce l'amour ? est-ce que c'est la compréhension ?

Nous aurions passé des heures à vous écouter et je voudrais pouvoir vous entendre encore ; je me sens faible, voyez-vous, j'essaye de prier chaque soir et chaque matin. Oh ! parfois j'oublie, j'ai peur de ne pas savoir, je voudrais vous entendre encore pour prendre de la force dans votre foi. Le prisonnier, vous savez, se sent seul, rejeté de tous, abandonné.

C'est ce que j'ai ressenti également, j'ai découvert grâce à vous que Dieu, lui, ne nous abandonnait pas et j'ai repris goût à la vie. J'étais désemparé, las, mais maintenant j'ai une flamme en moi qui me dit : va de l'avant, tu n'es plus seul ; j'ai confiance, Père, mais j'ai besoin d'être guidé. Donnez-moi, s'il vous plaît, vos coordonnées, de façon que j'aille vous rendre visite à ma sortie de prison. Merci. Que Dieu vous garde !

Un autre encore écrit :

Un grand merci, un grand merci collectif pour cette grande joie que le Bon Dieu a bien voulu nous procurer à nous tous au cours de cette messe.

Ah ! ça peut paraître étrange, mais je suis obligé de vous le dire, que je suis personnellement heureux ici, dans cette prison de Bois-d'Arcy ; oui, particulièrement, personnellement heureux dans cette prison. Oh ! non pas que ce soit agréable d'être en prison, mais parce que je sais que c'est lui, mon Dieu d'Amour, qui a permis que j'y aille et je sais que tout cela, tout se changera en bien, car il sait faire cette métamorphose.

Tous ces appels m'ont amené à créer un lieu d'accueil. Car j'en avais tellement vu de ces jeunes, qui, sortis de prison sans famille, ni argent, ni travail, se retrouvaient sur le trottoir, dans la misère la plus profonde. Conséquence logique : la récidive et le retour en prison. Ceux qui avaient commencé à découvrir le Seigneur en prison et lui avaient donné leur cœur avaient au moins cette richesse, et quelle richesse ! Il fallait la conserver et la faire grandir dans une maison d'accueil dont je rêvais pour eux, avec une chambre, un repas assuré et l'amitié d'un foyer responsable pour les aider et les guider. Mais nous en parlerons plus loin.

8. Le chemin de Damas ou la messe de Noël de Claude

Je voudrais vous raconter un autre événement qui s'est produit dans cette grande salle de spectacles en présence d'une centaine de détenus, à une messe de Noël.

Tous les ans, la veille des messes de Noël, je passe dans les couloirs avec un grand chariot, aidé de l'un ou l'autre détenu et d'un surveillant. Grâce à la générosité de tous ceux qui ont répondu à ma campagne de Noël dans le diocèse et ailleurs, je peux donner un petit cadeau à chacun des détenus. Mais alors il me faut deux jours pour passer en courant dans chaque cellule. Il faut voir la joie qui éclate et on s'embrasse... dans la joie de Noël qui vient.

Voilà que j'arrive dans la cellule d'un homme de 63 ans, nommé Claude, un gros monsieur à grandes moustaches. Je lui dis, comme à tous : « Je vous invite à la messe de Noël, demain, c'est à telle heure pour votre couloir. — Oh, non, non, me dit-il, je n'irai pas. — Et pourquoi donc, cher monsieur ? — Non, parce que moi, il faut que je vous dise... Quand j'étais dehors et que je voyais un curé ou une bonne sœur, je changeais de trottoir pour que ça ne me porte pas malheur. Alors maintenant que je suis en prison, vous ne voulez tout de même pas que j'aille à votre truc ! »

Alors je lui dis : « Écoutez, cher ami, vous allez rester là comme un vieux rat pris dans un piège, c'est pas normal. Ce serait mieux de venir avec nous dans la grande salle. Nous allons avoir un climat de fête, de la musique, de la joie, des visiteurs, etc. Ah, certes, il y aura quelques prières, mais vous êtes bien capable de supporter ça, à votre âge ! » Il se met à rire et me répond : « Oh ! là, là, bon, écoutez, vous m'êtes tellement sympathique que je vais y aller, moi, à la messe demain. »

Le lendemain, les détenus arrivent, puis des gens de l'extérieur. Les lumières s'allument, les guitares et les tam-tams se mettent en branle, la chorale chante. Le climat s'établit. Il est là, assis au premier rang. Les bancs montaient en amphithéâtre jusqu'au sommet du mur du fond. L'autel était tout en bas, face aux gradins, un petit peu surélevé. D'un coup d'œil, je vois avec satisfaction que notre ami a l'air très intéressé.

Au bout de quelques minutes, moi qui célèbre la messe face au peuple, je le vois qui donne des signes d'inquiétude et, peu après, je le vois tomber sur le côté, comme inanimé. Les visiteuses qui sont là se précipitent, le relèvent, lui tapotent les joues, etc., et on le rassoit. Puis, ma foi, il tient comme ça jusqu'au bout.

À la fin de la messe, les surveillants appellent les divers couloirs à remonter : « D 2, remontez. » La file se forme, les surveillants emmènent les détenus et puis on appelle F 4 et ainsi de suite. Et voilà le tour de notre homme, mais je le vois qui renâcle, l'air inquiet, et qui prend la tangente. Il veut venir vers l'autel, moi, je crois qu'il veut venir à moi. Alors, je quitte l'autel puisque tout est fini pour m'approcher de lui.

« Qu'est-ce qui se passe ? »

Il paraît effrayé et répète :

« Qu'est-ce qui m'est arrivé ? Qu'est-ce qui m'est arrivé ? — Ah, lui dis-je, je ne sais pas, je vous ai vu tomber, c'est vous qui savez. Mais dépêchez-vous de remonter. Le surveillant vous interpelle. On n'a pas le temps de causer maintenant, mais je vais aller vous voir cet après-midi. Soyez tranquille, je serai là, on aura le temps de parler. »

Je ne dois pas revenir à la prison cet après-midi-là, mais je sens que c'est important.

Après le déjeuner, je suis là comme promis. Je suis à peine entré dans sa cellule qu'il répète :

« Qu'est-ce qui m'est arrivé, Père, dites-moi, mais qu'est-ce qui s'est passé ? — Écoutez, racontez-moi ce que vous avez vécu et on va tâcher de savoir. »

Alors, il raconte :

« J'étais assis depuis environ un quart d'heure et mes yeux se sont portés au-dessus de l'autel. [Rappelons que la salle est très grande et très haute.] Tout en haut, au fond, à gauche au-dessus de l'autel, à l'angle du plafond, il y avait une petite lumière assez étrange qui me gênait. Je ne voulais pas voir cette lumière. Alors j'ai baissé les yeux, j'ai regardé l'autel, mais elle m'attirait, cette lumière. J'ai regardé à nouveau, elle était plus brillante encore. Et puis j'ai vu qu'elle commençait à bouger. J'avais l'impression qu'elle venait vers moi. Oui, elle bougeait. J'en étais sûr. J'ai eu peur, je me suis dit : mais qu'est-ce que c'est ?

« J'ai tapé dans le coude de mon voisin de droite pour lui demander s'il voyait cette lumière, mais il n'y avait plus de voisin, il n'y avait personne, il avait disparu. Alors sans réfléchir, j'ai tapé du coude dans mon voisin de gauche, il n'était pas là non plus ; je me suis retourné et il n'y avait plus personne dans la salle. Elle était vide. J'ai regardé l'autel où vous disiez la messe, vous n'y étiez pas non plus. L'autel était là, et les lumières, mais j'étais tout seul dans cette salle, face à la lumière qui s'est approchée, approchée, approchée. J'aurais voulu fuir, me sauver, mais il y avait la porte de fer, fermée à clef ; puis la lumière m'a enveloppé et je suis tombé par terre. Qu'est-ce qui m'est arrivé ? »

Alors, je lui dis :

« Je vais simplement vous dire un petit passage de la Sainte Écriture et vous me direz si vous comprenez. Ce que je vais vous dire s'est passé quelques années après la mort du Christ. Écoutez bien. »

Et je lui dis un petit passage de l'apôtre Paul, sur le chemin de Damas, que je sais par cœur :

« Il était environ midi, je m'en allais vers Damas [sous-entendu, pour arrêter les chrétiens], lorsque tout d'un coup, venant du ciel, une grande lumière m'environna. Je tombai sur le sol, et je dis : “Qui es-tu, Seigneur ?” J'entendis une voix qui me dit : “Je suis Jésus que tu persécutes.” »

Il m'interrompt brusquement :

« Oh ! c'est ça, c'est ça, arrêtez-vous. J'ai compris.

— Qu'est-ce que vous avez compris ? — Eh bien, j'ai compris que ce Jésus que tu persécutes, eh bien, moi, c'était pareil ! Ce n'est pas que je le persécute, mais je ne voulais pas en entendre parler, mais au fond c'est lui. Maintenant, je sais qu'il est vivant. Il est venu vers moi. »

Cet homme a changé complètement de vie. Il avait eu une vie déréglée au plan moral pendant trente ans et il en était malade. Il vivait dans la honte, dans un écrasement épouvantable, si bien qu'il en avait une maladie de cœur, qu'il se déplaçait en traînant les pieds, qu'il avait grossi et qu'il soufflait comme un phoque. Or, à partir de ce jour-là, le soir même, le surveillant et d'autres lui ont dit :

« Mais qu'est-ce qui vous arrive ? Vous traîniez les pieds, vous étiez accablé comme un grand malade, et maintenant vous avez l'air à peu près normal, et au lieu d'une tête d'enterrement, maintenant vous avez le sourire. Vous ne regardiez personne et maintenant vous nous dites bonjour, bonsoir ! qu'est-ce qui s'est passé ? »

Et lui de répondre en souriant : « J'ai rencontré Jésus ! »

Le surveillant, lui, a hoché la tête et s'est dit : ça y est, il est fou.

Mais le fou était pratiquement guéri de sa maladie de cœur, ce que les surveillants eux-mêmes avaient remarqué. Il avait retrouvé la paix, il venait à toutes les réunions, il lisait sa bible et réfléchissait. Il était sorti de son accablement et priait tout au long du jour. Lui aussi, on a pu le faire accueillir à sa sortie de prison chez des gens qui collaboraient au Bon Larron.

Quelle joie, quel mystère ! Quant à moi, j'étais de plus

en plus impressionné par la multiplicité des actions de Dieu en faveur de ses enfants détenus.

9. Une messe de Noël

Les grandes fêtes sont un moment privilégié d'évangélisation. Comme toutes les liturgies vivantes, elles manifestent le Christ et le font pénétrer dans les cœurs.

Nous voilà au matin de Noël : des jeunes gens que j'ai invités sont là ainsi que trois religieuses dans leur belle robe blanche. Le petit groupe s'arrête devant la porte de fer de la grande salle où va se dérouler l'office. Une clé tourne, la porte s'ouvre, un uniforme se présente, bientôt suivi d'une file de détenus ; sourires, poignées de main, chacun va prendre sa place.

Les visages sont souriants et, en deux mots, je parle de la Vierge Marie à qui l'on doit l'Enfant que l'on célèbre aujourd'hui. Puis, c'est le chant *Donne-nous ton Fils*. L'ambiance est établie et, aussi étonnant soit-il, c'est l'entrée de tous dans le mystère de l'attente de Noël. Quelle attente ? Différente sans doute pour chacun, mais attente religieuse pour tous.

C'est maintenant la présentation des visiteurs, des intervenants, ponctuée d'applaudissements. Puis Christian, un jeune qui vient depuis quelques années animer les messes à la prison, ancien drogué qui par miracle n'a jamais été en prison et qui s'est guéri par un autre miracle, il interprète maintenant avec sa guitare un chant de sa composition. Il célèbre sa libération de la drogue et vous pensez comme cela touche l'auditoire.

Tout d'un coup, notre guitariste remarque dans la salle un de ses anciens compagnons de drogue. Ce dernier n'avait pas voulu l'écouter quand il lui avait conseillé de ne pas aller s'approvisionner à un certain endroit, à la suite d'un rêve où il s'était vu guetté et s'échappant au dernier moment. Lui-même n'y était pas allé, c'est pourquoi il n'était pas en prison tandis que l'autre y était.

À la batterie, un détenu africain rythme le chant et les battements de mains montent de toute la salle. L'ambiance devient chaleureuse. Le témoignage de liberté reconquise sur la violence et la drogue, en accueillant Jésus, passe très bien au rythme syncopé de cette musique d'aujourd'hui.

La transition est faite et, sur un écran au-dessus de l'autel, on passe des diapositives de la crèche dont j'ai fait le montage avec amour et que je commente ; le silence est total, les cœurs s'ouvrent, la paix descend avec les chants de Noël.

Puis on entend la voix de Jacques Brel sans aucun accompagnement musical (c'était son premier disque) : « Si c'était vrai, cette belle histoire de Noël, celle de Joseph, celle de Marie, celle du petit enfant, je dirais oui, oh ! comme je dirais oui. »

Les projecteurs se sont éteints et, du fond du chœur, deux des religieuses s'avancent dans leur robe blanche. Chacune porte un gros cierge allumé ; derrière elles, sœur Catherine tient maternellement un petit enfant emmailloté dans ses bras. Toutes trois montent les gradins, au milieu des détenus, lentement, dans un silence bouleversant. Leur attitude dit assez l'authenticité de leur geste d'amour envers cet enfant. Puis, revenue au centre, face à tout ce peuple de détenus, en un geste d'élévation, notre sœur présente Jésus à la salle.

Aucun sourire de moquerie, ce geste est tellement vrai que l'émotion est à son comble. Tous les regards brillent et convergent vers l'Enfant. Pour tous, c'est Jésus qui est là, revivant l'instant de sa naissance pour nous, avec nous. Si les regards sont attentifs, les cœurs le sont plus encore ; beaucoup sont touchés et entrent dans le mystère de Noël. Ce n'est plus du folklore, la porte du mystère leur a été ouverte. La sœur dépose l'enfant dans la crèche et ces trois jeunes femmes s'étendent de tout leur long sur le sol devant Lui dans son berceau. Le silence est encore plus fort. Le visage contre terre, elles demeurent ainsi, toute la salle les accompagnant dans une longue adoration silencieuse. Pourtant, nous sommes bien dans une prison ! Qui pourrait le croire ?

Un chant monte vers le petit enfant : « Lave-moi, Seigneur, purifie-moi, prends pitié de moi. » Comme elles sonnent vrai, ces paroles ! Notre sœur est maintenant au micro, sous l'éclairage d'un spot, dans la beauté de son habit blanc, et sa voix douce raconte dans un silence recueilli sa rencontre dramatique avec le Seigneur, lors d'un accident de montagne. Seule au fond d'une crevasse, elle Lui promit de lui remettre toute sa vie pour ce qu'il voudrait, sauf qu'elle se fasse bonne sœur ! On voit comme la promesse a été tenue.

Le célébrant prend le relais et la messe se déroule ; étonnante aussi, la communion : c'est une foule qui descend des gradins pour recevoir son Seigneur. À chacune des six messes, c'est la même chose. Quelle dignité dans l'attitude de chacun de ces hommes pourtant rejetés, enfermés derrière ces murs.

Le célébrant prend la parole et dit : « Si l'un d'entre vous désire demander que tous ses frères réunis dans cette salle prient pour lui, qu'il se lève sans crainte de montrer sa foi et vienne ici. » Immédiatement, un homme se lève, descend les marches, vient se mettre à genoux devant l'autel. Les sœurs se mettent autour de lui et lui imposent les mains. J'invite ceux qui le veulent à venir se joindre à notre groupe. D'autres descendent à leur tour et c'est l'imposition des mains ; c'est la prière que chacun chante : voix qui se mélangent aux autres, qui montent en un appel au Seigneur... appel collectif autant qu'individuel. Toute la salle a pénétré dans une atmosphère de foi vivante et vibrante.

Puis la messe s'achève, tout est terminé, et à la grande joie de tous, ouvreuses d'un jour, visiteuses et religieuses passent dans les rangs pour offrir cigarettes et douceurs. Pour chacun, elles ont en plus une carte de Noël portant une phrase aimante écrite à la main par des enfants.

J'avais fait faire ces cartes dans beaucoup d'écoles. Porteuses de messages d'enfants, elles étaient ce qui plaisait le plus à certains détenus. L'un d'eux, qui depuis le début manifestait une attitude de refus et marchait comme un ours en cage au fond de la grande salle à l'écart des autres, s'effondre, tout à coup, en larmes. Il a pris une carte et pleure d'émotion à la lecture des quelques mots écrits sur un petit morceau de papier, avec un dessin de Noël : « Courage, nous sommes avec vous ! »

Un jeune détenu, ébloui, s'approche d'une religieuse et lui demande : « Dis-moi, pourquoi tu t'es faite bonne sœur ? »

Tandis qu'un autre dit à une autre sœur : « Vous avez dit que vous commenciez d'ouvrir une maison pour accueillir les gens en difficulté. Eh bien moi, ma sœur, j'ai le sida. Est-ce que vous croyez que je ne mourrais pas mieux chez vous ? » Il a 19 ans !

Nous pourrions rapporter bien d'autres réflexions qui ont bouleversé tous ceux qui étaient là. Que de souffrance, que de solitude, que de manque d'affection auxquels en ce jour le Seigneur lui-même répondait. Il faisait naître aussi au cœur de beaucoup de « visiteurs » de ce jour-là le désir de se mettre plus activement au service des détenus.

Voilà donc un petit compte rendu de ce que fut la messe de Noël cette année-là. Il faudrait pour être complet citer quelques lettres de remerciement montrant l'impact qu'elle a eu sur tant de cœurs douloureux.

Quelques témoignages

Chaque année, après ces fêtes, arrivent à l'aumônerie de nombreux remerciements. Nous les lisons et les commentons ensuite en veillée dans les paroisses qui nous accueillent, avec la collaboration d'anciens détenus libérés.

Au nom de tous ceux qui ne savent pas écrire et en mon nom propre, je vous remercie tous pour le petit moment de bonheur que vous nous avez donné, au nom de Dieu, à l'occasion de Noël. Moi qui crois qu'il y a une Puissance Supérieure, sans pour autant avoir reçu le baptême, j'ai bien senti, sans aucun doute possible, qu'il y avait une Présence au moment de la célébration de ce jour de Noël.

À travers les larmes que je n'ai cessé de verser, et dans cette joyeuse tristesse où j'ai été plongé continuellement et que je ne peux décrire, j'étais au comble du bonheur et une grande paix intérieure m'avait submergé complètement.

Au contact de ces jeunes qui vinrent animer la messe, quelque chose de très spécial — comme une sorte de courant — est passé entre nous. Merci.

Remerciez bien de ma part tous ceux et celles qui ont eu la gentillesse de se déplacer spécialement pour nous. Entre nous, lorsque Dieu nous donne, nous avons soif de donner à notre tour. Oui, Dieu est contagieux, car s'il n'était pas venu vers moi, croyez-vous que j'aurais maintenant tant d'amour à donner ?

Tout en disant au groupe de jeunes combien j'appréciais leur concours pour animer la messe, je les ai informés de la date et du lieu de mon jugement. Eh bien ! ils étaient présents au tribunal. Quand je les ai vus, j'ai ressenti une grande joie au cœur, je ne me sentais plus seul.

Depuis que je suis ici, je n'ai reçu aucune nouvelle des personnes qui me sont très chères. Je ne leur en veux pas, bien au contraire. Je ne leur ai apporté que des soucis et des peines bien involontaires. Même si pour elles je n'existe plus, pour moi elles resteront à jamais dans mon cœur qui n'a pas su leur rendre l'amour qu'elles me portent. Je tiens à remercier tous ces gens que je ne connais pas et qui se dévouent à vouloir faire plaisir. Cela m'apprend une chose nouvelle dans ce monde aveugle, c'est que tout n'est pas que méchanceté et hypocrisie, qu'il y en a qui ont un cœur et des sentiments. Je les remercie tous.

Bien que de religion musulmane, nous sommes extrêmement sensibles à votre grande dévotion au service de notre Dieu dont nous sommes également les ouailles.

La présente pour vous remercier du présent que vous nous avez fait à l'occasion de Noël.

Nous sommes tous des athées, il nous a donc paru honnête de vous le faire savoir ! Nous avons même eu la coupable idée de vous retourner le présent, ne voulant rien devoir à des personnes qui défendent et croient à ce que nous récusons. Mais après réflexion, nous gardons ce qui est avant tout un cadeau du cœur, et nous avouons aussi que, comme en politique, nul n'a le monopole du cœur.

Nous étions et restons athées, mais en cette période où vous fêtez la Nativité, nous vous souhaitons de joyeuses fêtes, et sans moquerie aucune, pour le présent et pour l'avenir, une communion parfaite avec « Dieu ». Nous partageons au moins une chose en commun, même si c'est d'une façon différente, c'est l'amour des hommes.

Un détenu musulman :

Je ne sais pas comment remercier tous ceux qui m'ont donné cette joie de Noël. Je ne puis décrire ma joie, tant j'ai été secoué au plus profond de moi-même en recevant les dons que vous m'avez envoyés. Ce ne sont pas tellement ces choses en elles-mêmes qui m'ont bouleversé, mais l'intention pleine de délicatesse et d'amour qu'elles manifestent. [...] C'est inappréciable ! J'étais au mitard, lieu de punition, comme vous savez, dans les conditions que vous savez. Eh bien, des larmes de joie me sont venues aux yeux. Vous savez qu'au mitard, on a l'impression de ne plus exister, ni pour nous, ni pour personne. Et tout d'un coup, bien que vous ne puissiez nous y visiter, votre cœur trouve malgré tout les moyens de se manifester par ce petit carton. Tout d'un coup, je n'étais plus seul, je reprenais vie, quelqu'un pensait à moi avec délicatesse et m'aimait !

Et j'ai repris vie. À mon tour, comme tous ceux qui étaient au mitard et me l'ont dit, un grand souffle d'amour a jailli tout d'un coup de mon cœur à vous. Comment remercier notre Dieu qui vous a envoyés jusqu'à nous ! Comme c'est bon de nous retrouver ainsi dans l'amour, le musulman que je suis et le prêtre chrétien que vous êtes !

Terminons par les propos d'un homme de 64 ans, qui a connu déjà trente-neuf ans de détention et sortira à l'âge de 70 ans. Il dit ne pas avoir la foi.

Merci à tous pour Noël. Je sais que ce que vous faites a sa finalité dans l'Amour du Christ, cela est indéniable, mais c'est parce que en nous, vous voyez l'œuvre de Dieu, que nous restons disponibles pour l'accueillir un jour ou l'autre, et le servir.

10. Liens avec les diocèses

Tant que le département des Hauts-de-Seine n'avait pas construit sa maison d'arrêt, ses condamnés venaient purger leur peine à Bois-d'Arcy. C'est donc sur les deux diocèses de Nanterre et de Versailles que j'avais organisé une campagne auprès des paroisses, des mouvements, des écoles, pour offrir gratuitement et au nom des pères détenus qui ne pouvaient le faire un cadeau de Noël à leurs enfants.

Chaque année, donc, en novembre, je mettais dans chaque cellule, sans aucune distinction de personne, une grande feuille proposant à chacun d'envoyer gratuitement en son nom un colis de Noël à son ou ses enfants et comportant une liste de cadeaux possibles qu'il suffisait de cocher. (Il fallait aider ces papas qui ne savent pas toujours ce qui convient à des petits.)

Puis il fallait organiser la collecte, faire des paquets, mettre les adresses et expédier. Cette campagne avait l'avantage de rendre la prison présente au cœur de chacun des chrétiens. Après les fêtes, un compte rendu était envoyé à chacun des donateurs, avec les remerciements des détenus, parfois bouleversés par cet acte d'amour paternel qu'ils auraient tant voulu pouvoir accomplir par eux-mêmes.

Ils écrivent :

Hier, je suis revenu du parloir (où j'ai eu la visite de mon épouse et de ma petite fille Denise, âgée de 6 ans), et pour la première fois je suis revenu de ce parloir en étant un papa heureux. Heureux, mon cœur l'était, et cela, je vous le dois à vous et aux personnes si généreuses qui ont permis à mon enfant de recevoir un jouet qui, pour elle, était le Noël de son papa. La poupée que ma petite Denise a reçue par votre intermédiaire, je ne l'ai pas vue, mais je pourrais vous la décrire sans rien oublier, car, en effet, la courte demi-heure a passé sur sa description et j'ai vu mon enfant heureuse... Quoi de plus beau ?

C'est très émus que nous venons vous remercier de votre délicate intention. Dans cet univers carcéral, les plus petits cadeaux prennent des dimensions énormes, et il est réconfortant de savoir qu'ici une personne pense à nous malgré nos erreurs.

Je ne vous connais que de nom, Père, mais aussi de gentillesse. Je vous remercie tous de faire ces très beaux gestes vis-à-vis des détenus. Je vous remercie de la part de ma petite fille et de mon garçon, car sa maman étant elle-même incarcérée et moi aussi, cela lui fera énormément plaisir.

Mes enfants ont bien reçu leurs cadeaux de Noël. Merci à ces grands amis inconnus dont le cœur est si grand et si plein d'amour ! Combien grande est la joie de celui qui se trouve isolé et enfermé de constater qu'il y a quand même des personnes qui pensent à lui, contribuant par leur geste en rapport avec la grande miséricorde de Dieu et de notre Mère, la Vierge Marie, à faire en sorte qu'un jour, sur la terre, la haine soit remplacée par son amour enfin reçu et vécu par tous les hommes devenus des frères.

Pour finir, un enfant écrit en remerciant directement Jésus.

Mon beau petit Jésus,

Je t'écris ce mot, c'est pour te dire merci pour les cadeaux, ceux que tu m'as envoyés par le courrier, pour moi et mon petit frère, mais aussi pour ceux que tu offres tous les jours à mon Papa.

Papa m'a dit que beaucoup de tes amis avaient passé beaucoup de temps à chercher et à faire ces cadeaux. Tu leur diras merci, un grand merci, de ma part et de la part de mon petit frère aussi.

J'ai un grand souhait dans mon cœur, c'est que Papa revienne à la maison puisqu'il nous a promis (à maman aussi) de nous amener chez Toi.

Comme Tu nous regardes tout le temps, je ne te dis pas au revoir, mais je t'aime Petit Jésus !

— V —

Un feu qui se propage

La Parole de Dieu, semée par l'aumônier, est reprise par les détenus eux-mêmes qui la répercutent et la répandent à leur tour. Ils se soutiennent les uns les autres dans la foi et l'espérance, avec des effets jusque parmi le personnel administratif. Quel encouragement pour nous, membres de l'aumônerie, de voir se propager ainsi de détenu en détenu la Lumière.

N'est-ce pas ce qu'avait annoncé Pie XI en écrivant *Rerum Novarum*, qui a fait naître l'action catholique.

1. Julien

Un détenu a éveillé à la foi et préparé au baptême un de ses camarades de cellule, Julien. Il m'explique le chemin que Julien a parcouru. « Sa décision ne s'est pas faite d'un coup, Julien refusant de recevoir le sacrement par formalisme, mais conscient de l'engagement qu'il comporte. Son éveil à la foi s'est fait lentement avec nous. Julien s'est joint à notre prière du soir, au début, sans conviction profonde. [...] Mais il a multiplié sa recherche personnelle par des lectures, et bien sûr celle de l'Évangile. »

Julien m'écrit :

Mon Père,

Je vous ai confié mon intention de me faire baptiser avant Noël. Vous m'avez demandé de vous en donner les raisons, ce que je m'empresse de faire.

Pourquoi précisément avant Noël ? Comme vous me l'avez appris et fait comprendre, en cette grande fête où le Sauveur nous est né, j'aimerais que cette naissance se fasse en moi afin de communier à la venue du Christ sur notre terre. [...] *Cette démarche vers Dieu consacrera ma volonté d'abandonner mon ancienne nature pour être enfin cet enfant de Dieu respectueux de ses commandements. Comme l'époux, par le sacrement de mariage, montre son acceptation de tous ses devoirs envers son épouse, le baptême est pour moi l'union de la vie de Dieu à la mienne, conscient de mes devoirs de chrétien.* [...]

Je vous prie de répondre à cette demande comme j'ai répondu oui à celui qui m'a appelé.

Ensuite, Julien a persévéré dans sa foi. Un certain nombre d'anciens détenus se sont réunis autour de lui et de sa femme pour le baptême de leurs trois enfants.

Dans la même cellule que Julien, un ancien parachutiste raconte dans une lettre à son correspondant comment ses camarades de cellule ont ranimé sa foi :

Âgé de 42 ans lors de mon entrée dans ces lieux, étant de surcroît primaire, je ne vous dis pas mon désarroi, sans rien, ne sachant que faire. Mon état dépressif me faisait pencher plutôt vers le suicide que vers l'avenir, je m'étais déjà replié sur moi-même, parlant peu ou presque plus.

Le deuxième jour, averti par un gradé qui avait su lire ma détresse, j'ai vu arriver l'aumônier. Je lui ai dit tout de suite que j'avais perdu la foi, à 20 ans, en perdant mon meilleur copain tombé à côté de moi lors des hostilités au Gabon.

Après une longue confession, l'absolution et l'imposition des mains, je l'entends me dire : « Tout t'est pardonné, tu es comme tout neuf. » Je le regarde sans comprendre et je m'entends lui répondre : « Si cela pouvait être vrai. » Je le revois me regarder, souriant, et me le certifier à nouveau, à ma grande surprise. Je l'ai cru et j'ai commencé une vie nouvelle.

Peu après, j'ai été muté dans une autre cellule. Les deux détenus qui étaient là vivaient d'une foi très profonde, dont ils m'ont entouré. La foi véritable, grâce à ce climat, m'est revenue.

Après vint l'heure du jugement et beaucoup d'aide spirituelle de part et d'autre. Je n'étais plus seul et le lourd verdict, plutôt que de me faire baisser les bras, n'a fait que renforcer encore ma foi. Je sais qu'au plus profond de moi-même rien ne pourra plus l'atténuer.

Maintenant j'attends avec impatience la sortie. J'écoute

tous les dimanches les merveilleux messages qui me sont adressés par les membres de ma famille grâce à la radio lancée par le père Aubry, qui nous permet d'entendre leurs voix dans nos cellules. [...]

Ce que je voudrais désormais, c'est aider les autres qui souffrent au fond de leur cœur, qui n'osent rien dire. À ceux-là, les portes sont grandes ouvertes, elles ne sont pas réservées à une catégorie, Dieu nous aime tous. Il faut seulement pousser sur cette porte pour arriver jusqu'à Lui. Il vous aime, Il vous attend.

2. « Casser une cellule »

Lorsqu'une cellule regroupe plusieurs détenus qui prient ensemble et vivent la même foi, elle rayonne de façon incroyable. Beaucoup de surveillants ne s'y trompent pas.

L'un d'eux, un jour que j'arrive dans le couloir de Denis, m'interpelle : « Eh bien, monsieur l'aumônier, on a frôlé la catastrophe ! »

Tout surpris, je lui demande pourquoi. « C'est, me dit-il, que le chef est passé hier. Il voulait casser la cellule de Denis. [En termes carcéraux, « casser une cellule » veut dire disperser en divers endroits de la prison les membres d'un groupe qui semble trop uni et qui, de ce fait, pourrait constituer un danger pour la prison]. Je lui ai dit : "Ne faites pas cela, chef, c'est cette cellule qui porte tout le couloir." »

Ce surveillant avait perçu le rayonnement de paix qui

émanait de cette cellule et, en parlant avec lui, j'ai découvert qu'il en connaissait la source.

Il faut beaucoup d'intuition et de tact aux surveillants. Il y en a beaucoup que j'ai admirés sur ce point, sans parler de leur maîtrise nerveuse. L'un d'eux, un des gradés principaux, m'avait dit comment il allait durant ses jours de repos se détendre et se recueillir dans une abbaye de contemplatives. Il faisait même de temps en temps un exposé à la communauté et, sur son invitation, je suis allé avec lui dire quelques mots à ces religieuses, moi en col romain bien sûr, et lui en uniforme, moins la casquette. Nous demandions leurs prières. Étrange collaboration, n'est-ce pas ? Qui de nous deux a été le plus apprécié de la communauté attentive ? Qui saurait le dire ?

Un autre surveillant, qui était le plus redouté de la prison, était un grand Noir, véritable colosse, le visage impassible et toujours tiré à quatre épingles. Un jour, arrivant à la chapelle, je le vois immobile à quelques mètres de la porte. Je ne sais pourquoi, je l'aborde amicalement et l'invite à entrer : « Vous verriez, lui dis-je, les détenus sous un autre jour, vous en seriez surpris. » Sa réponse tombe, laconique : « On va voir. »

Les détenus arrivent et je commence la messe sans lui. Puis la porte s'ouvre et il entre, toujours solennel, et reste au fond de la salle. Les bras croisés, il écoute et ne bouge pas de tout l'office. À la fin, il s'avance à mes côtés et prend la parole :

« Les gars, j'ai compris ! »

Silence stupéfait, qu'aucun détenu évidemment n'ose troubler.

J'interviens : « Qu'est-ce que vous avez compris ? »

Lui, les yeux fixés sur les détenus, s'adresse à eux : « J'ai compris pourquoi vous avez changé et ce qu'il faut faire pour cela ! » Et il se met à les prendre à partie, les uns après les autres, leur rappelant leurs incartades, les incidents, ses interventions. « Tu te rappelles, toi, quand tu es arrivé... ? etc. Mais maintenant, tu n'es plus le même. Tu as changé. J'ai compris pourquoi. C'est ce qui se dit ici à la chapelle. »

Un homme après l'autre, l'examen de conscience à ciel ouvert se prolonge jusqu'au moment où arrive, sans se douter de rien, un autre surveillant, celui qui est justement chargé de la chapelle. Notre ami va à sa rencontre, le soulève par les deux épaules et le porte ainsi devant les détenus toujours muets. Puis il lui dit d'un ton majestueux : « Untel, es-tu chrétien ? »

L'autre, presque terrorisé, en tout cas n'y comprenant rien, répond en tremblant : « Euh, oui... oui... bien sûr ! »

Alors, toujours très calme, le colosse le repose sur le sol en disant : « Tu as raison. Tu vois, ce qui se fait ici, c'est ce qu'il faut faire... Moi, je te le dis ! »

3. Une chorale en cour de promenade

La prison dispose de plusieurs cours, dites « de promenade », où se répartissent les détenus des divers bâtiments.

De longs mois durant, l'une d'elles fut le lieu de réunion d'une chorale religieuse fort appréciée. Plusieurs détenus se rassemblaient dans un angle de la cour et chantaient des cantiques dynamiques, disons plutôt des chants joyeux et rythmés du répertoire charismatique.

Les autres détenus qui marchaient interminablement autour de la cour, en devisant entre eux, écoutaient d'une oreille distraite en passant devant les chanteurs, ou parfois s'arrêtaient et recevaient, sans rien montrer, le message spirituel.

Quelle était donc la source de ce spectacle pour le moins inhabituel dans une prison ? C'était un détenu parmi les autres, mais un détenu plein de foi, un protestant, d'une quarantaine d'années, plutôt indépendant vis-à-vis des Églises. Je l'avais remarqué dès son arrivée, enfoncé dans une grande souffrance, puis émergeant dans la foi et l'abandon paisible, enfin petit à petit intervenant, lançant des chants, et donnant une profondeur nouvelle à nos rencontres.

Il s'intéressait particulièrement à tous ceux qui étaient dans la détresse, non seulement humaine, mais spirituelle. Il rayonnait d'une telle paix, d'une telle douceur, que plusieurs avaient noué avec lui des liens spirituels profonds. Ils furent les premiers membres de la petite chorale, auxquels d'autres se joignirent par la suite.

De là naquit un groupe de prière. Tous s'engageaient à prier seuls le soir, à une heure précise, afin que de beaucoup de cellules montent en même temps vers le Seigneur un acte d'amour et un appel à la miséricorde divine pour cette prison.

4. La Bible lue et relue

Trois jeunes gens d'une vingtaine d'années venaient régulièrement à l'aumônerie. Ils me demandent un jour de venir les voir dans leur cellule. J'arrive un après-midi, vers quinze heures. Le surveillant m'ouvre et je les trouve tous les trois couchés sur leurs lits, en train de lire. « Comment ! dis-je. Vous êtes encore couchés à cette heure-ci ! — Mais c'est vous, Père, qui nous l'avez dit. » Malgré ma protestation, ils insistent : « Mais si, Père, mais si ! »

Passons. Je leur demande ce qu'ils lisent. C'est la Bible.

« Nous l'avons lue tout entière ! — Comment cela ? — C'est tout simple, après le petit déjeuner, comme vous nous l'avez dit, on s'étend à nouveau sur notre lit, là on prie trente minutes, puis on prie trente minutes, et on recommence ainsi jusqu'au soir. Vous vous rappelez, Père. Vous nous avez dit que pour bien prier, il faut veiller à se mettre bien à l'aise afin de libérer le cœur et l'esprit. — J'ai compris, mais ce qui m'étonne, c'est que vous me dites avoir tout lu et que vous n'en êtes qu'au début. — C'est vrai qu'on a tout lu, Père, mais on a l'impression qu'on n'a pas tout compris, alors on recommence... ! »

Ils ont recommencé. Ont-ils tout compris cette fois ? J'en doute. Du moins, ils y ont trouvé de véritables lumières sur le Seigneur et la vie de prière. Trente minutes de prière par heure sur fond de Sainte Écriture, ce n'est pas si mal.

5. Jacky

Un sous-directeur très attentif aux personnes des détenus m'appelle un jour pour me dire :

« Monsieur l'aumônier, il y a un certain Jacky, que vous connaissez bien puisqu'il va à l'aumônerie, qui est devenu d'une nervosité incroyable. À peine sorti du mitard, il recommence à injurier les surveillants. On ne sait plus quoi en faire... Alors on a décidé de vous le donner. — Mais, monsieur le directeur, que vais-je en faire ? — Il sera votre auxiliaire d'aumônerie. — Mais j'ai déjà un auxiliaire et j'en suis très content. — Eh bien, vous en aurez deux ! »

L'auxiliaire est le détenu désigné pour aider l'aumônier du matin au soir. Il est autorisé à circuler dans tous les couloirs, à toute heure, pour porter des livres, ou mon courrier. C'est ainsi que Jacky arrive, tout heureux, à l'aumônerie. Il peut parler avec les uns et les autres, ce qui le détend. De plus, il assiste à toutes mes messes.

Après l'une d'elles, la trentaine de détenus vient de repartir lorsque je vois Jacky, tout excité, venir à moi.

« Vous avez vu les yeux de mes copains ? me dit-il. Vous avez vu comment ils vous regardaient ? comme des anges bien recueillis ! Pourtant, je les connais, ce ne sont pas des anges. »

Au cours de la messe, Jacky s'était trouvé un moment à

mes côtés, face à l'assistance. Il avait vu comme un miracle dans le regard de ses amis et, aussi étonnant que cela puisse paraître, à partir de ce moment-là, il était devenu croyant ! Il était à nouveau paisible, plein d'allant et de joie !

« Une véritable métamorphose, me dit plus tard le sous-directeur. Comment donc avez-vous fait ? »

De fait, Jacky s'était mis à prier avec ses compagnons de cellule. Ils avaient confectionné ensemble un gros cahier résumant les principaux points de la foi chrétienne, qu'ils illustraient avec des images découpées, et ils composaient des prières.

Jacky était sorti de prison depuis un certain temps, lorsque Mireille Dumas m'appela au sujet de son émission *Bas les masques*. Elle me demanda de lui indiquer trois anciens détenus ayant découvert le Seigneur, susceptibles d'intervenir lors de son émission.

Jacky a été retenu et il a été le clou de la soirée. Il avait en effet un impact de foi extraordinaire. Un des témoins m'a écrit pour me dire combien il avait été ému par la foi de Jacky qui dépassait celle de tous les autres. Cette impression a été celle de tous les partenaires de l'émission et celle de Mireille Dumas qui a tenté ensuite de lui trouver un petit travail à la radio.

Très souvent, en quittant la prison, j'empruntais le grand souterrain dont nous avons déjà parlé au début. Je croisais les chariots chauffants qui apportaient les repas dans les cellules.

Un jour, à l'extrémité du souterrain, arrive le petit train des gros chariots débouchant dans un tintamarre infernal, car le bruit est répercuté par les murs nus du tunnel. Ils viennent vers moi, chaque chariot poussé par un détenu qui doit mobiliser toutes ses forces pour avancer.

Lorsqu'ils sont à ma hauteur, je vois qu'un bon sourire amical illumine la face du premier homme qui me lance, au lieu du « Bonjour, Père » habituel : « *Je suis là, à ta porte.* » Et le chariot passe.

Le deuxième détenu, avec le même sourire de connivence : « *Et je frappe !* »

Là encore, il passe, tandis que le troisième enchaîne : « *Si quelqu'un ouvre, j'entrerai.* »

La suite n'est pas dite, mais vous pensez bien que je la connaissais par cœur, pour en avoir tant parlé dans les réunions : « *Et je prendrai avec lui le repas du soir, lui près de moi et moi près de lui.* »

Nulle moquerie dans leurs regards, je vous assure. Ils redisent en écho la Parole que j'annonce. Je m'éloigne en sens inverse, vers la sortie, réconforté par cette preuve qu'il n'y a pas que le tintamarre des chariots de la souffrance qui résonne entre ces murs, mais aussi les Paroles du Seigneur, pleines de douceur, d'espérance et de force.

Une nuit, chez moi, je suis réveillé par le téléphone. J'entends une voix angoissée, puis un bruit, la chute d'un corps qui s'écroule. Nul doute, je sais que quelqu'un est en train de se suicider et en même temps d'appeler au secours. Mais qui ?

Aussitôt se présente à mon esprit le visage tourmenté d'un surveillant que j'ai remarqué les jours précédents. Ce ne peut être que lui, mais je n'ai pas son adresse. Je sais qu'il habite un grand ensemble, vraie Babylone que je connais vaguement. Je saute dans ma voiture et un vrai miracle me fait arriver droit chez lui. La porte est ouverte, il est par terre, inanimé, à côté du téléphone.

J'appelle les pompiers qui sont là rapidement. Le poison est identifié. Il sera sauvé.

Un aumônier peut aussi sauver la vie d'un surveillant, n'est-ce pas ?

D'ailleurs, notre action d'évangélisation était appréciée par l'Administration pénitentiaire. Lorsqu'un de ses responsables me remit la médaille pénitentiaire, il se pencha à mon oreille et me dit : « Pour votre grande foi, monsieur l'aumônier ! » Et lorsqu'un sous-directeur stagiaire présenta sa thèse : « De l'aumônerie catholique dans les prisons », je fus désigné par la Pénitentiaire comme directeur de mémoire et, de ce fait, à faire partie du jury ; son travail fut jugé le meilleur des mémoires de l'année et publié comme tel dans la *Revue pénitentiaire*.

Une autre fois, je me trouvais dans le bureau du directeur, discutant avec lui de l'évolution extraordinaire d'un détenu relevant du « grand banditisme ». Tout à coup, il se lève, les deux mains appuyées sur son bureau ; il se penche vers moi et je vois des larmes monter à ses yeux. Il me dit : « Et si c'était vrai, monsieur l'aumônier, si c'était vrai ! » Et sans réfléchir, spontanément, je lui réponds : « Si c'était vrai, monsieur le directeur, il n'y aurait plus qu'une chose à faire : vous convertir ! » D'un seul coup, il est retombé assis dans son fauteuil. Surpris de ma propre audace, je lui ai serré chaleureusement la main et ai quitté doucement son bureau.

— VI —

Un feu qui dure

Nous avons vu l'étrange bouillonnement de la présence de Dieu dans cette prison. Mais une question se pose, et elle est posée aussi à nos communautés chrétiennes et à tous les chrétiens.

Cette découverte du Christ en prison, cette foi débutante, due certainement à la souffrance, au fait qu'on est privé de tout, n'est-elle pas superficielle ? Est-ce un feu de paille ?

N'est-ce pas quelque chose de transitoire, d'émotionnel, né d'une grande détresse, par la parole d'un aumônier, d'un visiteur, d'une visiteuse ?

Ou bien, au contraire, cette découverte agit-elle en profondeur au point de transformer l'homme qui en a été le bénéficiaire durablement et définitivement ? Cette foi va-t-elle durer et grandir pour devenir une vie vécue avec le Christ ?

C'est une question à laquelle il est difficile de répondre de façon globale, parce que cette persévérance dans la foi dépend autant de l'intensité de la lumière reçue que de la générosité de celui qui la reçoit et des circonstances et du milieu dans lequel il vivra à sa sortie de prison, de la manière aussi dont il sera accueilli, aidé, encouragé ensuite par les chrétiens. C'est pourquoi le souci de l'accueil à la sortie de prison est si important.

Mais de toute façon, tous ceux pour qui la rencontre du Christ a été authentique savent qu'Il est vivant et qu'Il intervient dans la vie des hommes. Même si, une fois libérés, ils reprennent leur vie sans sembler en tenir compte, ils en restent marqués de façon indélébile et, un jour ou l'autre, fût-ce au dernier de leur vie, cette expérience comptera.

Toujours est-il que je mettais toute mon énergie à encourager cette prise en charge spirituelle et profane des sortis de prison par les communautés chrétiennes, ce qui a été une des raisons de la réalisation des week-ends Bon Larron, de l'opération Colis de Noël et de l'ouverture de notre péniche *Tibériade* qui a accueilli plus de 250 détenus libérés pour les aider à repartir dans la vie, la lumière et la force de leur foi naissante.

En divers endroits, la Bible nous dit quelles sont les conditions pour que le feu de la foi qui a été allumé ne soit pas un feu de paille, particulièrement quand on revient de loin :

Si vous revenez vers Lui de cœur et d'âme,
Pour vivre dans la vérité devant Lui,
Alors Il reviendra vers vous
Et jamais plus ne se cachera [1].

---

1. Tobie, XIII, 2.

Pour que la lumière de foi allumée par Dieu en un homme revienne et ne se cache plus jamais, il y a donc une condition : « Vivre dans la vérité devant Lui. »

Or, comment un homme, sortant de prison et démuni de tout, reprendra-t-il sa place dans un monde d'où Dieu semble absent ? Comment cet homme pourra-t-il vivre devant Lui, son Dieu, sans l'aide de ses frères chrétiens, l'accueillant et l'entourant tant au plan profane qu'à celui de la foi ?

La question « feu de paille » ne se retourne-t-elle pas contre nous, chrétiens ?

Il y a cinquante ans, j'étais allé chercher à sa sortie de prison un de nos jeunes de la JOC qui avait demandé à être muté dans le quartier des condamnés à mort — la peine de mort existait encore à cette époque — pour mieux réfléchir et écrire ses réflexions sous la conduite du Seigneur. Après sa libération, bien que dénué de tout, il n'avait pas tardé à créer sa propre entreprise de construction dans des conditions incroyables.

Cette entreprise vit toujours et il continue aujourd'hui d'embaucher ceux des miens que je ne peux caser. Il les aide à prendre appui sur le Seigneur en les entraînant dans la prière. Voilà un patron peu ordinaire, dont le moins qu'on puisse dire est que sa découverte du Seigneur n'a pas été un feu de paille !

Je voudrais évoquer un certain nombre d'exemples de détenus qui ont reçu une première lumière, mais une lumière qui dure, qui s'approfondit, une lumière qui les transforme.

1. Des soirées merveilleuses

Jacques a 65 ans et est depuis sept ou huit ans en prison.

C'est un homme qui a eu une très belle situation dans les instances internationales, un magnifique chez-lui, une épouse et des enfants qu'il aimait. Il a nié les délits dont on l'a accusé, mais a refusé de se défendre pour ne pas faire de mal aux siens, a-t-il dit. Long et douloureux cheminement qui aboutit à une condamnation à dix-neuf ans de prison.

À Bois-d'Arcy, il a découvert le Seigneur et est devenu mon auxiliaire[1]. De ce fait, il assiste à toutes les réunions d'aumônerie et comme il peut circuler librement dans la prison, il aide de toutes les manières ceux à qui il peut rendre service. De plus, celui-ci prie intensément. Quand un détenu est en difficulté psychologique, la direction le lui confie dans sa cellule.

Au bout de deux ans, il est muté dans une autre prison où je vais le voir tous les ans et d'où il m'écrit. Je dois constater que sa vie de foi, loin de s'étioler, ne fait que grandir et s'approfondir.

1. L'auxiliaire est un détenu désigné pour aider le prêtre dans son travail d'aumônerie.

Je ne sais pas. Jésus a tracé ma route, mais je ne sais pas comment vous expliquer ; il me fallait cette traversée du désert où rien ne m'a été épargné, les événements se succédant les uns après les autres. En tout cas, je suis maintenant prêt pour tout le projet de Dieu sur moi. C'est oui.

Voilà l'aboutissement de sept ans de prison, un cancer des reins et une opération qui s'est mal passée et l'a fait horriblement souffrir. Arraché à tout, il s'offre à Dieu sans condition. Avec quel respect je le regarde quand je vais le voir ! Il est pour moi comme une icône vivante du Christ. Sa foi grandissante l'incite aussi à rendre de multiples services aux autres détenus.

Mon emploi du temps, là où je suis, je suis bibliothécaire de la prison, ce qui me permet, comme à Bois-d'Arcy où j'étais avec vous, d'accueillir beaucoup de détenus en plus de mon travail de bibliothèque ; c'est quarante ou cinquante fois par jour, je n'exagère pas, que des gens qui savent que je les aime viennent me demander des petits services, quelque chose, un renseignement, une bible, une image, une lettre à faire, une adresse, etc.

Pour moi, lorsque je sors de ma bibliothèque après avoir parcouru quelques couloirs, pour porter, rassembler des livres, rendre service aux uns et aux autres, alors, c'est le soir, il est dix-neuf heures trente et c'est le meilleur moment, la cellule se ferme à clef sur moi. Je suis seul, seul avec Jésus, mes prières, mes méditations, mon long silence. Je lis la messe du jour, puis après, longuement, la Bible. Ensuite, un livre spirituel, puis j'écoute une cassette qui elle aussi aborde les thèmes de notre vie intérieure, des cassettes que j'ai enregistrées, comme par exemple le livre Je vais voir Dieu *du père Marie-Eugène de l'Enfant-Jésus. En tout, quatre à cinq heures régulièrement tous les soirs ; je peux vous dire, Père, que chaque soirée pour moi est merveilleuse.*

Des soirées merveilleuses en prison, est-ce possible ?

Pourtant, celui-là n'est plus tout seul, qui vit d'une foi authentique, qui a été dépouillé de tout, l'a accepté et offert dans l'amour et l'abandon à son Seigneur. Il est devenu transparent et ouvert au Christ qui a dit : « *Je prendrai avec lui le repas du soir.* »

Au-dessus du lit, continue-t-il, *sur le bloc de la lampe, il y a un crucifix, une statuette mignonnette de saint Joseph, de la Sainte Vierge et au milieu, votre petit livre à vous avec votre photo ; il est là debout, je le regarde, vous êtes là avec moi, chaque soir. À gauche de votre petit livre, sainte Thérèse, merveilleuse Thérèse... je vous embrasse.*

Merveilleuse Thérèse, en effet ! Qui dira son influence en prison ! Je ne peux pas vous dire les rapports de Jacques avec la petite sainte, parce que c'est un secret, mais je peux vous dire qu'ils sont merveilleux.

Quand un homme en arrive là, après sept ans de détention très dure, dans la souffrance, peut-on parler de feu de paille ? Et si la Parole de Dieu ne lui avait pas été dite, où en serait-il ?

2. Retour de Katmandou

Maxime est parti tout jeune, à 20 ans, avec une bande de copains ; ils se droguaient et voulaient aller à Katmandou pour se procurer plus facilement de la drogue. Ils y sont arrivés à quelques-uns. Les autres sont revenus assez vite, et lui, Maxime, est resté seul là-bas.

Un beau matin qu'il descendait au fleuve où les hindous se purifiaient sous un soleil splendide, il a vu, dit-il, se détacher du soleil une petite lumière merveilleuse qui venait vers lui. Arrivée à sa hauteur, la lumière avait la forme d'un homme. Alors, lui qui avait abandonné toute foi depuis sa petite enfance, il a reconnu Jésus. Imagination ? Influence de la drogue ou réalité ? Cela importe peu. Ce qui est certain, c'est qu'une grâce puissante du Christ l'a touché à ce moment-là. Il a pris conscience de la folie de sa situation et qu'il fallait qu'il revienne en France, ce qu'il a fait aussitôt.

Malheureusement pour lui, il est revenu dans son quartier, il a retrouvé ses copains de drogue et, pendant vingt ans, il en est devenu le pourvoyeur. Il voyageait partout pour acheter la marchandise et il avait la vie facile, jusqu'au jour où sa compagne s'est fâchée avec lui et, pour se venger, l'a dénoncé.

Il s'est retrouvé à Bois-d'Arcy.

Un matin, comme j'accueillais comme d'habitude à l'entrée de la salle ceux qui arrivaient, je l'ai vu mettre un pied dans notre grande salle, puis reculer brusquement en disant : « Non, non, je ne peux pas entrer. — Pourquoi ? lui dis-je. — Regardez la grande image qui est là, au fond. »

C'était une grande icône du Christ ressuscité, rayonnant de lumière. Je ne comprenais pas comment elle pouvait provoquer en lui une telle crainte et l'empêcher d'entrer. En fait, il retrouvait l'image qui l'avait tant bouleversé à Katmandou. Vingt ans après, il retrouvait la lumière en forme d'homme en qui il avait reconnu le Christ et qui semblait l'attendre en cette aumônerie. On peut dire que Dieu est patient et que Dieu est bon. Il revient frapper à la porte. En voilà encore une leçon pour nous !

Finalement, le surveillant arrive : « Allons, rentre, rentrez ». Une poussée dans le dos et la porte se referme à clef derrière lui. Le voilà projeté face à l'image de lumière de son Seigneur. Il s'assoit et participe à sa première messe à Bois-d'Arcy.

Désormais, tant qu'il y sera, il va venir régulièrement pour mieux connaître Celui qui était venu le chercher à Katmandou.

Il lit l'Évangile et des livres que je lui fournis. C'est avec passion qu'il découvre cette fois la vraie lumière du Christ. Poussé par la soif d'avancer dans sa découverte, il devient mon auxiliaire afin d'entendre parler du Seigneur tout au long du jour. Joyeux, primesautier, le sourire aux lèvres, un peu taquin, il rend service à tous, puisque sa place d'auxiliaire lui permet de se déplacer.

Il a les yeux si brillants de malice, il est si joyeux, il envoie des galéjades aux uns et aux autres si pleines de gentillesse qu'un jour la directrice me dit : « Vous savez, monsieur l'aumônier, votre auxiliaire, il se drogue. »

Aussitôt, je comprends pourquoi les surveillants viennent

si souvent fouiller l'aumônerie. Ils recherchent la drogue. Heureusement, il n'y en a pas ! C'eût été lourd de conséquences pour l'aumônerie et pour l'aumônier.

« Vous savez, reprend la directrice, moi, je m'y connais un peu ! Pour être comme il est, à longueur de temps en prison, il faut qu'il y ait une cause : ce ne peut être que la drogue, et puis on le voit à son attitude et à ses yeux brillants. »

Je lui dis : « Madame, ce qui rend heureux, ce n'est pas la drogue, mais bien le fait d'avoir découvert le Christ, et il l'a trouvé, je vous assure. » Et comme cette dame dit à qui veut l'entendre qu'elle est agnostique, j'ajoute : « Je comprends que ceux qui ne partagent pas notre foi aient du mal à saisir cette explication qui est pourtant la seule et la vraie. »

Pendant quelques jours, j'ai dû m'absenter. À mon retour, il n'était plus là. Il avait été muté dans une autre prison. Cela se fait toujours très vite. Un surveillant se présente : « Vous êtes muté. Préparez vos affaires. Vous avez vingt minutes. »

Voici ce qu'il m'a écrit :

Alors c'est avec beaucoup de tristesse, d'appréhension, d'excitation, après avoir ramassé toutes mes affaires, rangé tout mon bazar, que je me suis mis en chemin vers le centre de détention, via *Fresnes. [...] Nous voilà enfermés à Fresnes, c'est une prison qui est sur la route, c'est une étape. [...]*

Et le soir, je me suis trouvé avec cinq autres détenus qui comme moi étaient mutés, dans une cellule ridicule de peti-

tesse, et là on a mangé, etc. Puis nous avons fait connaissance et au bout d'un moment je leur ai parlé de Dieu, plus exactement nous avons parlé de Dieu, de notre Jésus, sa présence était si forte que ça exaltait les cœurs, la joie, sa paix à Lui rayonnait, il était là, notre aimé. Mes frères m'ont dit que c'était la première fois qu'ils en entendaient parler ouvertement et qu'ils en dialoguaient et ils ressentaient sa présence comme moi, ces incroyants, cette lumière, cette chaleur ; nous avons parlé de dix-sept heures à quatre heures du matin, le temps n'existait plus.

Alors je leur ai dit, voyez-vous comme les heures ont passé avec notre Jésus, notre Dieu ; leurs yeux étaient radieux, émerveillés, la peur avait disparu ; beaucoup étaient devenus croyants. Ils avaient soif d'entendre encore la Parole de Dieu. Alors j'ai été plus loin et je leur ai dit que Dieu leur Père les aimait, je leur ai dit tout ce que j'avais découvert moi-même, tous ils étaient surpris. Oh, je savais bien que là-dedans il y avait des assassins, il y avait des violeurs, il y avait des dealers, et voilà qu'une bonne nouvelle extraordinaire pénétrait en eux et les remplissait de joie profonde. Ils ne savaient pas cela et ça m'a rappelé mon cas au début, quand je suis arrivé à Bois-d'Arcy. Oh Père, quelle chance, quel remerciement je dois au Seigneur. Merci de m'avoir dit ce qu'Il voulait que vous me disiez. En eux, comme des enfants, l'espérance grandissait.

Ainsi, à peine arrivé, Maxime se met à transmettre sa foi. Certes, elle traverse des moments plus obscurs, mais ne fait que s'approfondir davantage. C'est loin d'être un feu de paille.

Dans sa lettre suivante :

Je prie depuis trois jours, j'ai rencontré un petit copain qui s'appelle Rémi, il purge une peine de dix-huit ans, le pauvre, j'ai beaucoup parlé avec lui de Jésus, notre Seigneur. Un soir même, je lui ai donné un petit livret sur l'au-delà, la vie éternelle. Le soir même, il a vu une lumière éblouissante et merveilleuse près de son lit et dans son sommeil il rêvait qu'il était à genoux devant la croix de notre Christ Jésus.

Cela nous montre bien la soif d'annoncer le Seigneur qui a bouleversé sa vie, et habite encore cet homme trente ans après sa première rencontre avec le Christ.

3. « En cellule, j'ai vu ma fille »

Gérard avait une correspondante de grande foi, à laquelle il adressa une longue lettre :

Eh bien, ma bonne manière de vous remercier c'est de vous dire ce qui m'est arrivé. Voilà, lorsque j'ai été arrêté au début 1982, à cause d'un homicide volontaire, et que je me suis retrouvé emprisonné, tout m'était égal, sauf une chose : c'était que ma petite fille, mon petit ange, Nathalie, venait de décéder à la suite d'une méningite cérébro-spinale. Et j'étais désolé, je me suis révolté contre Dieu. Pendant trois ans, je me suis démontré que ce Dieu ne méritait que la haine et j'ai mis le poison en moi, j'en suis arrivé à une vie absolument impossible et j'étais décidé à me suicider, tout était prêt. [...]

C'était le soir, dans ma cellule, tout d'un coup, j'ai senti une présence, j'ai ouvert les yeux et devant la porte de ma cellule, qu'est-ce qu'il y avait ? une petite fille de 6 ans. Je me suis frotté les yeux, ce n'était pas possible, mais la petite fille a parlé et elle m'a dit ces mots exacts : « Papa, c'est moi, c'est moi, Nathalie, ta fille, mais non je ne suis pas morte, je suis un ange près de Dieu, et il m'envoie te dire que tu dois vivre, car il t'aime et je suis près de toi maintenant et pour toujours. » Eh bien, Dieu existait donc, j'étais bouleversé ! [...]

J'ai appris à connaître Jésus, il fallait que je le connaisse, celui qui m'avait rendu la vie. Alors j'ai appris à l'aimer, j'ai lu, j'ai relu les Évangiles, les Actes des Apôtres, j'avais soif de Dieu, plus je buvais à cette source d'amour et plus mon âme s'enivrait.

Je passe sur la suite, et voilà que cet homme décide d'adopter et va prendre en charge une petite fille de l'Inde qui est dans la détresse. Pour pouvoir lui apporter l'aide nécessaire, il va monter un petit atelier d'images et de sculptures, avec quelques détenus à qui il a parlé de Dieu et qui sont devenus croyants à son contact.

Assez souvent, on me demande si je suis assez naïf (pour ne pas dire plus) pour croire à ces phénomènes extraordinaires. Je réponds que d'autres cas comme celui-là ont existé et que sans me prononcer sur sa réalité surnaturelle, je constate une transformation de foi et de vie chez celui qui le raconte. Cette transformation est indiscutable et il importe seulement que la foi nouvelle qu'elle a fait naître soit nourrie.

4. « J'ai manqué d'un père »

Une lettre fidèlement transcrite et qui se passe de commentaire :

Je n'ai pas de parents. Je suis fils d'une mère prostituée et j'ai trois frères et une sœur que j'ai jamais vue d'ailleurs. J'ai un frère de 23 ans et qui est avec moi dans cette affaire ; lui a pris douze ans et moi quatorze. Mes deux autres frères, ils ne me parlent pas depuis plus de dix ans.

J'ai été élevé chez une mère nourricière de l'âge de 6 mois jusqu'à 17 ans et je suis parti pour un foyer et ensuite la prison. Cette femme a maintenant 77 ans et on s'écrit toujours. Quant à ma mère, la pauvre, elle est toujours dans la prostitution et de plus alcoolique. [...]

Ayant toujours souffert d'un manque de père (pour moi c'est cela) et me posant toujours la question « Pourquoi on vit », c'est la raison pour laquelle je ne travaillais pas, car « demain on peut mourir » ! J'errais çà et là. J'ai fait de mauvaises rencontres et connu la prison. J'ai perdu beaucoup d'amis.

À ma troisième venue en prison, il m'a fallu abandonner seule ma femme (fiancée). Cette époque fut douloureuse. Je pensais à la mort en prison (terrible). Je voyais des détenus se couper les veines, pour un oui ou pour un non, pour avoir des médicaments en plus... Tout cela m'a fait peur.

Un après-midi, je suis tombé sur une bande dessinée racontant la vie de Jésus-Christ. À la fin du livre, étant seul dans ma cellule, j'ai parlé à Dieu (car je savais depuis toujours que quelqu'un avait fait le monde) haut et fort, et je lui ai dit « Seigneur, si ce que raconte ce livre est vrai, si tu m'entends et me vois, alors montre-moi un signe aujourd'hui même ! » Et je m'endormis pour ma sieste habituelle... Dieu me réveilla doucement en me touchant par deux fois à l'épaule droite. J'ai regardé autour de moi : rien, et la porte fermée ! Il n'y a aucun doute, c'est Dieu.

Depuis ce jour, sans l'avoir oublié, mais enfoui au plus profond de moi, je continuais ma vie. Je suis revenu en prison une fois pour huit mois, j'en suis ressorti et j'y suis revenu pour dix-huit mois. À ce moment, en cellule, j'ai demandé une bible, car j'en étais arrivé à un point où je voulais en finir avec la vie (Dieu était là et je l'avais oublié). J'ai donc lu la Parole de Dieu pour la première fois. J'ai pleuré. Dieu m'a réconforté et soutenu jusqu'à ma sortie. À ma sortie, je me sentais tout autre. J'avais appris ce que le monde cachait à nous, tout petits.

J'étais en ménage avec une fille qui était prostituée. Seul, j'ai voulu la rendre heureuse, car cela représentait beaucoup pour moi de « retirer » de la prostitution cette fille. Cela a duré trois mois ; le mal a vaincu. Cette fille est retournée à ce qu'elle faisait ; c'était le seul moyen, disait-elle, pour vivre, car elle ne voulait pas que je revole de l'argent. Moi, j'attendais dans les bars, à boire.

J'ai tenté un suicide aux barbituriques. Un clochard m'a trouvé inanimé dans une maison abandonnée (Dieu m'a encore sauvé !). À ma sortie de l'hôpital, cette fille m'attendait : je suis reparti « chez nous ».

En ayant marre, au bout de trois mois, étant donné que

mon petit frère avait volé de l'argent dans un bureau de poste (avec une arme factice), je me suis proposé comme chauffeur afin de me faire enfermer pour quelques années (je comptais sept ans et j'ai pris le double), car c'était la seule façon de quitter le mal et c'était pour moi la seule façon pour relire les Évangiles.

Maintenant, il est vrai que j'aimerais sortir afin d'aider les autres. Depuis trente-huit mois que je suis revenu vers Dieu, il est vrai que j'ai chuté (gnôle, drogue), mais Dieu était toujours là pour m'en sortir si je le voulais. J'ai fait deux ans à Rouen, d'où je suis originaire, ensuite je suis passé à Fresnes et le Seigneur, là-bas, m'a rempli de son Esprit saint. Ce que j'ai « vu » est impossible à dire. Je peux dire simplement que le Seigneur m'a montré le ciel et ce qui nous attendait, nous, ses enfants !

Maintenant, je vais prendre 31 ans à Noël. On vieillit de l'extérieur, mais on reste toujours un enfant. Je compte et je voudrais, à ma sortie, vivre en communauté. Emmaüs, peut-être ? Quoi que le Seigneur me fera savoir, j'irai.

5. « J'étais plein de stupeur »

Un autre témoignage, celui de Pascal :

Je ne saurais expliquer pourquoi j'ai tant tardé avant de me décider à parler de cet événement merveilleux qui est venu éclairer ma vie. Sans doute me fallait-il trouver l'oreille attentive qui saurait m'écouter. Je sais que vous le faites, et puis aussi il faut dire qu'il est nécessaire de se toucher les membres après un accident pour s'assurer qu'on a rien de cassé. Eh bien moi, l'événement qui s'est produit dans ma vie avec le Seigneur Jésus a été tel qu'il m'a fallu un certain temps avant de m'habituer à l'idée que c'est bien à moi que c'était arrivé. Il me faut commencer par le commencement, et c'est pas facile de se raconter.

Ma famille : une maman qui a sombré dans la débauche, qui a détruit la famille où je suis né. Un père travailleur, mais qui est tombé malade et que les chirurgiens ont amputé des deux jambes. Des grands-parents tyranniques qui m'ont élevé pendant sept ans et qui, en invoquant la maladie, ont fabriqué un subterfuge qui, à 16 ans et demi, m'a laissé seul face à la vie. Si bien que d'errements en errements, j'ai eu maille à partir avec la justice.

Sans rechercher d'excuses, je peux vous dire qu'il n'est pas simple de s'en sortir, à 16 ans et demi, lorsqu'on n'a ni logement, ni ressources, ni conseils, aucune marque d'affection de personne. Un jour, j'ai rencontré une jeune fille à qui je me suis attaché d'autant plus que j'attendais d'elle tout ce qui avait pu me manquer.

Nous nous sommes mariés, alors que nous avions tous les deux 19 ans. Une petite fille est née. Des ennuis avec la justice ont commencé et mon ménage, lui aussi, a commencé à se détériorer. Deux mois de prévention. En sortant, des doutes sur la fidélité de mon épouse m'ont conduit à la boisson, à l'adultère, puis encore à la prison. Cette fois-là, c'est mon mariage qui a été détruit. Il y a eu divorce. Je n'ai passé que deux ans et demi en liberté depuis sept ans que je me suis séparé de ma famille.

C'est donc là mon histoire qui vous permettra de situer mon personnage. Il va de soi que de multiples problèmes ont assailli ma conscience et que, durant toutes ces années de prison, cela m'a permis de réfléchir sur la vie, mais jamais ces réflexions et ces pensées n'ont pu satisfaire ma soif de vérité. Je ne réussissais pas à trouver de stabilité. [...] *Je tombais sans cesse de désillusion en désillusion, et je ne saurais décrire les chemins tortueux qui m'ont amené à une dépression qui fut une rude épreuve.* [...] *Je me suis remis petit à petit, mais j'étais toujours, et cela depuis mon enfance, sujet à des angoisses.*

Voilà qu'un jour, j'étais justement assailli d'angoisses particulièrement fortes, seul dans ma cellule, allongé sur mon lit. C'était le soir, j'avais terriblement froid, pourtant je ne cherchais même pas à me couvrir. Tout mon être était glacé. Comment définir l'infinie détresse qui m'habitait ? La morsure du gel qui étreignait tout mon corps était comme le vide qui résidait dans mon cœur.

Je ne sais plus si mes idées à ce moment-là étaient vivantes ; non, en fait, je ne pense pas. J'étais transi, rempli de stupeur, sans que je puisse expliquer ce qui provoquait cette sensation. Oui, c'est le mot exact : j'étais plein de stupeur et j'avais la sensation que mes yeux étaient exorbités. Le temps que cela a duré, je ne saurais le dire. Le temps passait, mais je n'en avais aucune idée.

Puis j'ai senti comme un fourmillement au niveau de ma tête ; ce fourmillement s'est répandu dans tout mon corps en y laissant une impression de chaleur et de bien-être incomparable. Sur le mur, face à moi, j'ai vu apparaître une image vivante qui me souriait. Il ne m'a rien dit, mais c'était l'image de Dieu. Cela a été immédiatement ma première conviction, sans même réfléchir. Cet homme respectable qui me souriait avait dans son regard tant de consolation qu'Il correspondait à l'image que je m'étais faite du Dieu tout-puissant, Créateur du ciel et de la terre, et sans qu'Il me parle, j'ai su qu'Il venait de me rendre mon âme, que je venais de recevoir le baptême et que j'entrais dans une nouvelle vie, la vie de l'Esprit.

Je n'en ai tout d'abord parlé à personne. Je craignais qu'on me prenne pour un illuminé et un fou, mais on ne peut pas garder éternellement pour soi ce qui déborde du cœur.

Alors, voilà, je me confie à vous, Père, en espérant que mon récit sera un témoignage pour les hommes de l'existence de Dieu, notre Père. Cela m'est arrivé dans la cellule annexe de la maison d'arrêt d'Arras, en septembre 1979.

Depuis ce jour, ma foi est grandissante. [...] *Ma vie est transformée, car maintenant toutes mes peines et mes malheurs passés n'ont plus aucune importance. Je sais que c'est la main de Dieu qui me guide et je suis heureux de suivre sa volonté. Même lorsque je suis entré ici, il y a deux mois, je savais que Dieu l'avait permis et maintenant je comprends encore mieux ses raisons, depuis que par vos soins Il m'a remis les Évangiles auxquels je consacre tout mon temps. Je crois sincèrement que cette lettre que j'ai rédigée pour vous est bien dans la ligne de la volonté de Dieu.*

Voilà encore un homme qui persévère.

On serait tenté de dire que le scénario est toujours le même : Dieu intervient dans une vie. Celui chez qui il est intervenu perçoit cette présence étrangère et pourtant plus intime à lui-même que lui-même, il en demande l'explication à l'aumônier, le plus souvent, puis se met à lire l'Évangile et entre dans une vie nouvelle qui, après des années, je le constate, continue.

Ainsi le Christ se montre ; il y a ceux qui Le reçoivent avec un choc, une forte émotion : leur rencontre avec Lui a été violente. Et il y a ceux pour qui, au contraire, la rencontre se fait tout doucement.

6. Le poids de l'enfance

Voici un pauvre et merveilleux garçon, Damien, dont je voudrais vous résumer l'histoire en quelques mots.

Une jeunesse infiniment difficile, un père qui le hait, on ne sait pas pourquoi du reste. Sur deux ou trois pages, il raconte les tortures qu'il a subies ; un jour, petit enfant, il va en voyage avec sa famille à Lisieux et c'est un coup de lumière. Alors il veut aller au catéchisme, mais il doit se cacher de son père. Il arrive à faire sa communion, son père l'apprend et refuse cette foi naissante. Il va être frappé, puis attaché, je ne sais plus combien de jours, tout nu, à un radiateur et ensuite, toujours tout nu, sur le palier, etc. Donc, quelque chose de terrible.

Et ce garçon, à la prison, va s'ouvrir tout d'un coup en

venant entendre la parole de Dieu. Il découvre l'amour qu'il cherchait. Dans cette salle d'aumônerie, il est là, tout vibrant, et il ne va plus manquer une seule réunion pour écouter la proclamation de la Parole. Il se met à lire avec passion des livres religieux et découvre la joie, le bonheur. Il faudrait lire ses propres phrases !

Et puis tout d'un coup, après un an et demi, je reçois une lettre de lui où il me dit qu'il va se suicider. Il a craqué. Malgré une foi authentique, le poids de son enfance et de la vie en prison était trop lourd. Finalement, il a essayé de mettre son projet à exécution, de se pendre. Il a été sauvé *in extremis* et emmené à Fresnes, à l'hôpital, où les médecins l'ont tiré d'affaire.

Je crois que l'ennemi avait pesé lourd sur lui et la fatigue aussi. Maintenant, la joie est revenue, il a retrouvé la vie, mais il lui reste encore une longue, bien longue peine de détention !

7. Jean-Pierre

Quelle souffrance à son arrivée ! Doucement, sans à-coups, silencieux, à l'écoute, il a progressé vers la foi au cours de nos rencontres. Il a des enfants qu'il aime beaucoup, une femme qui, je crois, a dû perdre un peu l'équilibre et qui l'a dénoncé pour des choses qui ne sont probablement pas très vraies ou, en tout cas, fort exagérées. Mais il me dit : « Non, je ne me défendrai pas, je refuse de me défendre, je ne veux pas faire de mal à ma femme. »

Il est là depuis deux ans, en attente de son procès. Venant à l'aumônerie, il a découvert la Vierge Marie et il a été ébloui. Il a fait plus de cent cinquante poèmes sur Elle, tous plus beaux les uns que les autres ; je les ai réunis, je les ai donnés à un éditeur et, bientôt, ils vont être publiés ; c'est un homme qui n'a pratiquement pas de culture, et tous les jours, il écrit. Je reçois régulièrement de longues lettres pleines de la tendresse d'un petit enfant ébloui devant sa maman du ciel !

Est-ce que c'est un feu de paille que cette découverte progressive qu'il a faite, je vous le demande.

8. Une cellule où l'on prie

Denis est un garçon de bonne famille, d'une de nos grandes villes de la région parisienne. Il avait une vingtaine d'années à l'époque et habitait chez ses parents qui vivaient d'une foi profonde. Ceux-ci étaient inquiets, car depuis un certain temps, Denis semblait sombre, agressif, ombrageux et triste. La maman avait raison de s'inquiéter, car voici que deux gendarmes arrivent un matin : « Bonjour, madame, votre fils Denis est-il là ? — Oui, messieurs, mais que lui voulez-vous ? — Nous désirons le voir. »

Les gendarmes entrent au salon et voici Denis qui descend. À peine est-il arrivé que les gendarmes lui mettent les menottes et disent : « Désolés, madame, mais nous sommes obligés de l'emmener chez le juge d'instruction. — Qu'est-ce que vous dites ? Mais mon fils n'a rien fait de mal ! —

Madame, le juge d'instruction nous demande de le faire venir, il y a probablement des raisons. »

Et c'est ainsi que Denis est parti. Chez le juge d'instruction, cela n'a pas traîné : « Vous avez plusieurs braquages de banque, c'est indiscutable. Je vous envoie à Bois-d'Arcy. Vous allez réfléchir là-bas et puis on vous dira la suite. »

Le voilà donc, les menottes aux mains, dans le car de police qui roule vers Bois-d'Arcy. Là, tout d'un coup, devant l'affreuse situation qui est la sienne, lui revient la foi de son enfance. Il se tourne vers Dieu, qui seul pourra faire quelque chose. « Mon Dieu, faites qu'à Bois-d'Arcy on me mette dans une cellule où l'on prie. » À Bois-d'Arcy, après toutes les « cérémonies » d'arrivée, si j'ose dire, et qui sont assez longues, un surveillant l'emmène avec une couverture contenant ses diverses affaires sur son dos, comme un baluchon. Ils s'arrêtent devant une cellule, la clef tourne, le surveillant s'efface, Denis entre. La porte se referme.

Deux détenus sont là. Avec un sourire plein d'attention chaleureuse, l'un d'eux lui dit : « Je m'appelle François », et l'autre : « Moi, je m'appelle Jacques. Et toi, comment t'appelles-tu ? — Moi, je m'appelle Denis. — Eh bien, Denis, il y a une chose qu'il faut que tu saches, tu viens d'arriver dans une cellule où l'on prie. »

Cette parole secoue Denis des pieds à la tête ; à l'instant même, il sait que sa prière a été entendue, donc que Dieu s'occupe de lui, que Dieu a répondu à son appel de détresse.

Dans cette cellule, en effet, on prie dans la journée, mais

particulièrement le soir, après le repas. Les trois détenus prient à genoux au pied d'un des lits. De temps en temps ils s'assoient, lisent un passage de la Bible, le commentent sous forme de prière, chantent doucement pour ne pas gêner les voisins. Les camarades de Denis vont l'amener aux rencontres d'annonce de la Parole et aux messes qui vont en faire un homme fervent, lisant quelques heures par jour, réfléchissant. La prison devient pour lui comme une école de formation et de noviciat.

Il éprouve une sorte de contentement serein dans son épreuve, parce qu'il a tourné le dos à ses errances et retrouvé la vraie vie dans ce lieu de paix où la Providence l'a conduit et où tout se remet en ordre. Les mois se succèdent.

À sa sortie, Denis est métamorphosé ! Dans une maison d'accueil, il devient accompagnateur de ceux qui sortent de prison, des sans domicile fixe, chargé de leur trouver un petit logement, un travail afin qu'ils gardent un équilibre personnel pour entamer leur nouvelle phase de vie.

Il sait quel est celui qui guérit les cœurs brisés. C'est donc dans la prière que, tous, il les remet sur pied. Une de ses premières visites est pour la chapelle de la Médaille miraculeuse, rue du Bac, où il prie avec eux, les conduit et c'est lui qui a accompagné l'un des sidéens dont je vous raconterai la mort[1]. C'est lui qui permet que l'éveil de la foi dans la prison ne reste pas sans suite et que l'ex-détenu soit accueilli à la sortie par quelqu'un qui a connu la même

---

1. Voir p. 148.

expérience et, qu'ainsi accompagné, il progresse lui aussi, et reste dans la joie plénière du royaume de Dieu.

Mais l'expérience de Denis avait été si forte qu'il ne lui a pas suffi de faire l'accompagnement de ceux qui sortent de prison ou qui sont dans la détresse. Dès sa sortie, il est venu m'aider pour l'émission de radio, que je faisais à l'époque, chaque semaine, à partir d'un studio situé à Versailles. Cette émission, qui durait deux heures, permettait aux détenus d'entendre leur famille leur parler dans leurs cellules. Denis venait faire le speaker avec moi. Il le faisait merveilleusement bien, et quand cette radio de Versailles a été supprimée à la suite d'un aménagement des longueurs d'onde, notre émission a continué sur Radio Notre-Dame. Denis a suivi et en reste l'un des piliers. Il parle à la radio aux détenus et à leur famille avec toute sa foi communicative.

Voilà sept ou huit ans maintenant que cela dure. Quand un homme est guéri dans sa profondeur par l'amour de Dieu, alors il retrouve toute la lumière.

9. « Je vais aller voir le clown »

Christophe est un garçon de 19 ans, un poulbot qui n'a trouvé aucune affection chez les siens, et qui arrive à Bois-d'Arcy sans aucune foi. Il m'écrit dans son style un peu particulier :

J'ai vécu avec une jeune fille trois ans, mais je ne vivais rien de fort parce que je ne connaissais pas Dieu, et une fille aussi gentille qu'elle soit, ça ne peut pas remplir par elle seule le cœur d'un homme.

Alors, j'ai pris un peu n'importe quoi, un peu de hasch, j'avais pas d'espoir ; je me suis dit qu'il fallait aller jusqu'au bout et je me suis laissé embarquer. J'ai fait quelques braquages de banque, mais des trucs minables, pas grand-chose, et je me suis fait arrêter et j'ai été incarcéré ; en prison, j'ai commencé à me rendre compte combien c'était difficile ; on se retrouve seul, on essaye de faire son trou, bien sûr, mais on se bute à toute l'opposition des uns, des autres. Il faut se faire respecter un peu, c'est pas évident, et là, oh ! j'avais pas une grande foi dehors, non, rien, quasiment rien, mais quand même, j'appelais au secours, je ne savais pas bien qui, le soir, et voici qu'un copain me dit qu'il y avait une messe et que là il y avait un homme qui parlait, il parlait bien, il nous remontait le moral.

Ah, je me suis dit, la messe, oui, c'est encore un clown, eh bien je vais aller voir le clown. Ça va me distraire, ce sera toujours ça ! Oui mais, c'était pas ça du tout. Chaque samedi, j'avais compris, j'allais à la messe et je me suis aperçu qu'il y avait quelque chose qui passait.

Cet homme-là, en effet, il m'a présenté Jésus dans l'Eucharistie et quand il parlait, on était comme entraîné, on y croyait. Il m'a dit que c'était Jésus, cette hostie. Voilà le Corps du Christ, c'est dur à croire, mais quand on l'entend parler de Jésus dans l'Eucharistie, quand on le voit montrer l'Eucharistie, quelque part, on se dit : mais si quelqu'un en parle comme ça, c'est qu'il en est persuadé, et s'il en est persuadé, c'est qu'il en a fait l'expérience. Alors pourquoi je n'en ferais pas l'expérience moi aussi ? Et un beau jour j'ai fait l'expérience.

Je savais qu'il était là dans ce pain, Celui qui a fait le monde. Oui, j'ai fait l'expérience de l'Eucharistie. J'étais déjà baptisé et la première fois que je suis allé prendre l'hostie au milieu de la communauté des détenus, ça a été quelque chose de merveilleux dans mon cœur que je ne saurais expliciter, mais ça a été une chose forte, pour la première fois de ma vie je vivais quelque chose de fort, j'avais enfin un absolu qui était en moi, j'avais un grand vide qui était comblé, j'étais heureux pour la première fois de ma vie grâce à l'Eucharistie.

Au bout de huit mois d'incarcération, mon amie m'annonce qu'elle me quitte parce qu'elle n'était pas prête à rester toute seule. J'aurais probablement plusieurs années de prison, non, elle ne pouvait pas, elle allait prendre quelqu'un d'autre. Ça a été l'événement qui a été le plus dur pour moi en prison parce que c'était grâce à elle que je tenais. Et malgré la rencontre que j'avais faite avec Jésus, Jésus n'avait pas encore pénétré jusqu'au fin fond de mon être. Et c'était pas lui encore véritablement qui me faisait vivre, c'était elle. Oh, il m'aidait bien sûr, mais elle était ce qui me restait à l'extérieur.

Finalement, j'avais plus personne, j'étais seul au monde et il n'y avait qu'elle. C'est elle qui me restait de tout ce que j'avais laissé quand j'étais arrivé en prison et quand elle m'a annoncé qu'elle m'abandonnait, qu'elle partait, c'était le trou noir. Je n'avais plus rien, rien, j'étais perdu.

Alors j'ai prié, ah, je n'aurais pas fait ça quelques mois auparavant, mais là j'ai prié, j'ai tout offert à Jésus, tout. Je lui ai dit si c'est ça que tu veux eh bien ! prends, vas-y, prends tout ce que je suis, prends tout ce que j'ai et vraiment je lui ai tout offert. Oh ! ça a été difficile, croyez-le bien, parce que pendant un an, pratiquement un an, j'ai pleuré lorsque j'étais seul dans mon lit le soir, que la télévision s'était éteinte ; la télévision, je ne la regardais pas, ça n'intéressait plus que mes camarades de cellule. Je pleurais auprès du Seigneur, mais chaque soir, je lui redisais encore que c'était pour lui. Je ne pleurais pas toujours, au milieu de mes pleurs souvent, je lui rendais grâce d'avoir permis que je connaisse la prison afin de Le rencontrer.

Imaginez ce que cela représente dans la vie de ce jeune homme. C'étaient des moments de grâce intense. Je n'ai jamais vu de choses aussi fortes que pendant tous ces moments-là. Après avoir été condamné par le tribunal, puis relâché six jours après en raison des années de préventive, Christophe continue :

Après ma sortie de prison, j'ai tout perdu. J'avais souvent rêvé à l'intérieur des murs : quand je vais sortir, je vais retrouver ça, et je vais retrouver ça. Eh bien, je n'ai rien retrouvé, tous mes amis, tout avait disparu. Seuls de ma famille, mon père, ma mère et ma sœur m'étaient restés fidèles, bref, j'étais tout seul. Je n'avais aucune connaissance et cela a été ma pire angoisse. Mais j'avais toujours au fond du cœur cet amour du Seigneur, je savais qu'il pouvait, lui, me venir en aide. J'avais trouvé un petit travail à Boulogne dans une pizzéria et je passais tous les jours devant la paroisse de Sainte-Cécile, alors j'entrais, je restais quelques minutes pour Le prier, mon Dieu, parce que je m'étais remis à fumer, et du shit. J'étais retombé là où j'étais avant mon entrée en prison, j'ai recommencé à boire, je m'intéressais de nouveau aux filles, enfin à tout ce qui faisait ma vie auparavant, et malgré ça, à cause de ma découverte du Seigneur en prison, tous les matins, j'allais implorer Dieu et je savais que ce n'était pas bien, que je recommençais à mal faire, mais je n'avais pas la force pour changer, ça m'était impossible.

Alors, instinctivement, j'allais devant lui, devant son tabernacle et je pleurais, oh ! pas longtemps, dix minutes, un quart d'heure avant d'aller travailler chaque matin, et un jour, ça a été plus fort que moi. Je me suis dit : je vais me mettre à mort, je ne peux plus vivre cette déchirure, c'est trop dur, et j'ai reçu un coup comme le Bon Dieu m'avait promis. Ah ! ça a été vraiment un choc, cette angoisse par rapport à ce que je revivais, je n'arrivais pas à retrouver quelque chose de fort et j'ai retourné dans ce que j'avais laissé avant. C'était devenu fade et ça me manquait, ma vie en prison, incroyable !

Mais je ne savais pas comment vivre maintenant à l'extérieur et c'est là où un jeune religieux qui aidait le père Aubry et qui m'avait causé bien souvent à la prison, dans ma cellule, est venu me retrouver. Il était religieux, j'ai été le voir dans son couvent ; ce jour-là, le père Aubry était avec lui, car ils se ressemblaient et s'aimaient beaucoup dans leur grand amour du Seigneur, et maintenant je suis un garçon qui a fait trois ans de préparation, je suis habillé en religieux et dans quelques années, je serai prêtre.

Oui je serai prêtre, si Dieu le veut, bien sûr, et à mon tour, à mon tour, je transmettrai cette puissance de consolation, cette puissance de reconstruction qui est venue me prendre dans la prison. Oui, à mon tour, je la transmettrai, c'est pas ma force à moi, c'est pas mon amour à moi, c'est le sien, celui de mon Seigneur qui maintenant m'habite.

Voici ce qu'est devenu notre jeune ami, arrivé désolé à la prison. C'est un éveil à une vie nouvelle qui ne fait que grandir, comme nous le constatons. Voilà quatre ans maintenant qu'il est sorti et jusqu'où ira cette grâce ainsi reçue, Dieu seul le sait, pour reprendre son expression.

10. Mariano

Christophe n'est pas le seul qui ait fait ce chemin. En voici un autre, Mariano, un homme de 35 ans qui, grâce à une situation intéressante, gagnait beaucoup d'argent, mais qui avait dérivé dans une vie que je ne veux pas qualifier, absolument à l'opposé de ce que Dieu peut espérer d'une vie d'homme.

Il était là à l'isolement, je ne sais trop pourquoi ; quand je suis allé le voir, il était quasi désespéré. Il m'a dit : « Ah ! je ne sais pas ce que je vais devenir. » J'ai vu à ce moment-là que c'était un homme qui vibrait quand on lui parlait de Dieu.

Je lui ai dit : « Écoute, je vais te donner le pardon de Dieu. Veux-tu ? — Oh ! oui. » Je lui ai donné l'absolution, puis je lui ai dit : « Maintenant, mets-toi à genoux, je veux t'imposer les mains et je vais faire descendre en toi la force de consolation, la force de reconstruction, de retournement de ta vie qu'est Dieu pour toi. » Alors, il s'est mis à genoux avec des larmes aux yeux, et c'est ainsi qu'a commencé son bouleversement, le renouveau de sa vie.

Il s'est mis à lire toutes sortes de livres spirituels : le curé d'Ars, sainte Thérèse d'Avila, Jean de la Croix, etc. Il semblait tout à fait à l'aise avec ces auteurs et il était rempli de joie. Il ne comprenait pas lui-même comment avait pu se produire ce retournement, mais il le vivait dans la paix.

Je ne vais pas vous décrire tout son séjour en prison, mais quand il est sorti, il est venu avec moi, dans nos réunions du Bon Larron où il a apporté son témoignage pendant près de deux ans ; il a habité aussi un certain temps chez moi pour me donner un coup de main, pour annoncer la Parole. Je le voyais tellement progresser qu'un jour je lui ai conseillé d'aller faire une retraite dans une maison religieuse parce que, lui dis-je, « le Seigneur frappe très fort à ta porte. Va ! Demande-Lui ce qu'Il attend de toi ».

Il y a été et, après un temps de recherche, il est rentré lui aussi dans un institut religieux, dont il porte maintenant l'habit. Vraiment, le Seigneur sait arrêter les chutes, le Seigneur sait recréer les hommes et les embaucher à sa suite, comme Il a embauché ses Apôtres. Quel homme mobilisé pour l'annonce de la Parole, que de graines déjà semées ! Il faut entendre monter de son cœur l'action de grâces pour la Parole reçue en prison !

11. Luigi

Luigi, lui, est italien d'origine et était banquier. Qu'avait-il fait exactement dans sa banque ? Je ne sais pas. Toujours est-il qu'il avait été arrêté en tant que banquier.

Le Seigneur a frappé fort à sa porte et Il a agi très vite. La lumière de Dieu l'a littéralement bouleversé et a fait choc au moment précis où, durant une rencontre d'aumônerie, je présentais Thérèse de l'Enfant-Jésus. Je ne sais pas pourquoi, il est venu à la bibliothèque religieuse, il s'est mis à la lire.

Car j'avais aussi, je ne l'ai pas dit jusqu'ici, une bibliothèque d'auteurs religieux et en général de biographies abondamment fournie. Et lorsque je recevais les détenus en audience, un par un, dans mon petit bureau, deux après-midi entiers par semaine, je choisissais avec eux les livres qui convenaient à leur besoin spirituel, que je percevais à travers notre conversation.

Luigi s'est mis à lire et à relire, vraiment très profondément, Thérèse de l'Enfant-Jésus, puis Thérèse d'Avila, etc. Quand il est sorti, cet homme, de grande compétence dans la banque, a repris un temps son travail sur le plan international, puis il m'a dit : « Père, je ne peux pas continuer », et il est rentré comme postulant chez les carmes tellement il admirait le Carmel et les saints qu'il avait produits. Il n'était pas évangélisateur par l'action comme Christophe et Mariano, mais évangélisateur par l'enfoncement de sa vie dans l'oraison et la prière.

Malgré son grand désir, il n'a pu rester au postulat, parce

que à son âge, il est difficile d'endosser un mode de vie tellement différent. Mais il est resté lié aux carmes, dans un institut carmélitain, où il joue un rôle important. Sa vie est maintenant coupée des relations humaines habituelles, centrée qu'elle est sur l'union à son Seigneur. Sa prière intercède tout spécialement pour ceux qui sont en prison.

— VII —

Prison, porte du Ciel

Grâce à l'annonce de la parole de Dieu qui leur a été faite en prison, plusieurs détenus, dont nous venons de lire l'évolution, se préparent au sacerdoce ou à la vie religieuse. D'autres ont été encore plus loin dans cette évolution puisque, autant qu'on puisse en juger, ils ont atteint le but en entrant au Ciel avec leur Seigneur. Voici les derniers moments de quatre d'entre eux.

1. Le premier est malgache

Je l'ai rencontré lors de mes derniers voyages dans les prisons du monde. J'étais à Madagascar appelé par son merveilleux aumônier national, le père Angelo, pour animer une retraite session aux aumôneries de ce pays sur la nécessité d'annoncer à temps et à contretemps, et de façon très claire, la Parole de Dieu dans toutes les prisons. Je désirais aussi établir des liens durables entre l'aumônerie malgache et le Bon Larron.

Ce jour-là nous étions invités à la prison de Tananarive pour la visiter et parler aux détenus. En arrivant, nous avons trouvé plus d'un millier de prisonniers — hommes et femmes — réunis presque nus dans la grande cour, assis par terre en de multiples carrés. Ils nous attendaient. Pour l'occasion, un podium avait été dressé d'où j'ai proclamé la miséricorde de Dieu qui les cherchait pour les « consoler » au sens biblique de ce mot.

Ils m'interrompaient souvent de leurs applaudissements. À l'évidence, dans un dénuement quasi absolu qui allait parfois jusqu'à les faire mourir de faim, cette foule accueillait le mystère de foi que je lui annonçais...

Que dire des propos tenus par l'un d'eux, monté jusqu'au devant du podium et s'adressant aussi bien aux officiels qui m'entouraient qu'à moi-même ? Que de finesse d'esprit, de foi et de dignité ! Que de respect, que d'amour des autres !

Après la cérémonie, il est venu dialoguer avec moi. Ainsi, j'ai su qu'il était *condamné à mort* et qu'il était dans l'attente de son exécution prochaine... Il exultait de joie à la pensée de rencontrer bientôt son Seigneur. Rayonnant, il usait toutes ses forces pour aider ses frères détenus de toutes les manières possibles. Le jour de notre départ, il nous partageait encore, dans un indicible sourire, la joie profonde qu'il éprouvait du fait de son total abandon à son Seigneur.

2. Même joie pour trois anciens de Bois-d'Arcy

Alors que nous quittions la prison de Tananarive, le souvenir de trois amis et anciens détenus de Bois-d'Arcy me revenait en mémoire, tellement semblable avait été leur joie rayonnante juste avant de mourir.

Ils avaient été accompagnés pas à pas durant leur temps de prison, qui avait suivi leur découverte du Seigneur, mais aussi après leur libération et jusqu'à l'ultime instant par le personnel soignant, certes, mais aussi par d'autres anciens détenus de la prison de Bois-d'Arcy qui, comme eux, avaient découvert le Seigneur et venaient prier avec eux pour les aider à faire le passage de ce monde à celui de leur Seigneur de gloire. Devenus éducateurs officiels, ils aidaient dans la foi ceux qui leur étaient confiés.

Grâce à la Parole qui leur avait été annoncée à Bois-d'Arcy, nos trois amis au moment de leur mort levaient irrésistiblement les yeux vers ceux pleins de tendresse du Ressuscité. Ils sentaient bien que la vie les abandonnait.

Leur joie était frémissante et communicative. Elle touchait les infirmières, émues au plus haut point. Ils n'attendaient plus qu'une chose désormais : Le voir Lui dans la puissance de sa gloire ! Et pour cela, ils aspiraient à bondir en sa présence ! L'impatience de ce départ se lisait dans leur moindre geste. Nul doute pour eux ! Leurs yeux illuminés par une foi devenue puissante scrutaient tout alentour dans l'attente de la rencontre.

Avant son incarcération et dès sa libération, plus d'une année durant, j'avais hébergé Michel chez moi en véritable ami. Touché par la Parole en prison, il avait commencé à découvrir le Seigneur. Divorcé, père de deux enfants, il avait eu recours à la drogue depuis plus de trente ans. Clochard « magnifique » pourvu d'une vive intelligence, il était attachant comme bon nombre de ceux qui lui ressemblent. Il aimait à répéter que j'étais son père. Cette affirmation l'autorisait sans doute à vider mon appartement de tout objet qui pouvait se vendre... Il partait de l'habitation, y revenait après des temps d'absence plus ou moins longs. Pendant plusieurs mois, je l'ai ensuite confié à nos amis Pellier, responsables de notre bâteau d'accueil « la péniche Tibériade[1] ».

C'est là qu'un soir, revenant dans un état de grande ébriété, il n'a pas vu la passerelle du bateau et s'est jeté directement dans la Seine, d'où on a réussi à le repêcher.

Un jour, au moment même où notre groupe de prière du mardi s'était réuni comme chaque semaine sur la péniche, il est venu en disant :

Je viens d'obtenir une permission de l'hôpital. Mon sida parvient à son stade terminal. Dans un mois je serai mort. Je viens vous remercier de m'avoir chaleureusement entouré et surtout, je veux que vous vous réjouissiez avec moi... Si vous

1. Nous avons acheté et aménagé cette grande barge ayant servi au débarquement allié (voir en fin de volume) pour accueillir les détenus qui avaient commencé à vivre avec Jésus en prison et les aider à continuer de mener cette vie de compagnonnage avec Lui, et à reprendre leur place dans la vie de tous les jours.

saviez comme je suis heureux ! Dans un mois, je serai avec Jésus. Dire qu'il fallait que j'en arrive là pour trouver la joie et le bonheur ! Quelle joie !

Puis il s'est assis au milieu du groupe de prière. Son visage décharné certes, mais doté d'une lumière rayonnante, s'approcha de l'oreille de l'une d'entre nous dont il avait déjà saisi la main. Il murmura sur un ton de confidence :

« Si tu savais comme je suis heureux ! »

Ce fut sa dernière parole parmi nous. Un mois après, il bondissait dans la joie de son Seigneur après de longs séjours en prison et quarante ans d'une vie de chaos, de souffrances imposées à lui-même et à tant d'autres de son entourage... Pour tous ceux qui étaient là, son image demeure comme une icône de Miséricorde.

Quelle similitude de comportement avec celui de Karla peu avant son exécution aux États-Unis et dont nous allons rapporter le témoignage maintenant !

3. Karla

Quelle émotion et quelles questions, Karla, la condamnée à mort des États-Unis[1] n'a-t-elle pas fait jaillir lors de

1. Exécuté en 1998.

sa parution devant la télévision, souriante, paisible et si présente dans sa petite robe de détenue ?

Était-ce bien elle qui — sous l'emprise de l'alcool, il est vrai, mais tout de même ! — avait assassiné plusieurs personnes de manière si atroce ? Que s'était-il donc passé pour expliquer cette transformation de fond ?

La réponse nous fut donnée lorsqu'elle répondit aux journalistes qui l'interviewaient :

« Non, je n'ai pas peur de la mort. Dieu m'attend ! »

La parole de Dieu lui avait été annoncée en prison. Elle avait reconnu et accueilli son Seigneur. Elle était sur le point maintenant de le rencontrer face à face et croyait de tout son être qu'Il l'attendait dans son amour et sa miséricorde. Quelle métamorphose !

Certes, dans cette trop courte interview, on ne pouvait soulever la question des victimes. Mais ne savait-elle pas qu'elle les retrouverait transfigurées elles aussi dans la splendeur de Dieu ? Comme Karla a dû aussi prier pour elles ! Autre forme de métamorphose...

Juste avant la piqûre mortelle pratiquée sur elle au titre de l'exécution capitale, elle fit preuve de beaucoup de sérénité et d'une grande confiance. Ses dernières paroles furent :

« Je vous aime tous et je suis très heureuse. Il m'attend. »

C'est par l'intervention d'un aumônier qui a annoncé la Parole de Dieu à Karla que le Christ est venu frapper à sa porte et qu'elle Lui a ouvert. Il est entré dans son être aveuglé et meurtri, à des profondeurs où Lui seul pouvait pénétrer, pardonner, cicatriser les blessures, illuminer, donner la foi, la paix, la joie et la certitude d'une rencontre éblouie dans ses bras par-delà la mort. Puis le Seigneur n'a jamais cessé de la conduire par les dons du Saint-Esprit, principalement ceux de foi, de sagesse, d'intelligence et de force.

Les derniers instants de ces prisonniers sont étonnamment semblables : chez chacun d'eux, même imminence de la mort, même paix, même confiance, même joie lumineuse, même attente de la rencontre.

Mais qu'aurait été leur devenir si on ne leur avait pas annoncé la Parole et si personne ne les avait accompagnés dans leur cheminement spirituel ? N'est-ce pas un signe qu'il faut intensifier l'annonce de la Parole et un encouragement pour les membres du Bon Larron pour tous ceux qui annoncent la parole de Dieu avec amour dans les prisons du monde et enfin pour tous les chrétiens ?

Qu'en serait-il de la foi des milliers, voire des millions de détenus incarcérés de par le monde, si tous les chrétiens prenaient enfin conscience de la puissance de salut que le Christ met entre leurs mains et se mettaient à en faire usage à leur profit ? ...

— VIII —

Interventions du démon

Nous venons de lire plusieurs témoignages qui montrent à quel point la puissance d'amour de Dieu est active en prison et y attend une audacieuse proclamation de sa Parole.

Il y a une autre force qui s'y révèle puissante, c'est celle du démon.

1. « J'ai tué ma mère »

Un jour, je vois arriver un jeune homme de 22 ans, fort bien habillé, qui s'appelle Denis. Il vient ensuite régulièrement à l'aumônerie. Souriant, sûr de lui, aimable, on voit que c'est un sportif, un homme en pleine santé. Il est de famille bourgeoise, d'assez haut niveau social. Tous ceux qui viennent à l'aumônerie goûtent sa présence et ses interventions.

Puis, je ne le vois plus et j'apprends qu'il a été mis à l'isolement dans un autre bâtiment. Peu après m'arrive une lettre de lui. Sur une grande feuille, en toutes petites lettres, tout en haut de la feuille, une seule ligne : *C'est grave, très grave, venez vite*.

Je pars aussitôt lui rendre visite dans son nouveau couloir. Il titube, les traits tirés, les yeux hagards ; il manque de s'écrouler et doit s'appuyer au mur. Je m'approche. Il m'aperçoit et me dit : « Ah ! Père, il est heureux que vous soyez venu. Il faut que je vous parle, à vous tout seul, vite, vite... » Compréhensif, le surveillant me prête son petit bureau.

Nous nous y installons et, tout de suite, Denis commence : « Maman est morte, je l'ai tuée..., et tous les soirs, elle entre dans ma cellule..., elle me fait prendre un verre qui se remplit de son sang... Mes camarades de cellule ont peur, car je balbutie des paroles de terreur. Le verre m'échappe des mains, le sang se répand, et je leur dis : "Regardez son sang... son sang... !" Alors, les uns après les autres, ils demandent mon changement de cellule. C'est comme cela que je suis arrivé à l'isolement. »

Il se tait et je profite de cet instant de silence pour lui demander comment il lui est arrivé de tuer sa mère. Alors il m'explique ce que je résume ici.

« Maman a perdu son équilibre et s'est mise à persécuter mon père en l'empêchant de dormir. N'en pouvant plus et pour sauver sa vie, il a quitté la maison et s'est installé ailleurs. À partir de ce moment-là, ma mère s'est mise à me persécuter de la même manière.

« Puis elle m'a emmené en voyage en Amérique du Sud, où nous avons participé à une soirée de sorcellerie. Dès le début de la séance, il a été dit que tous ceux qui entreraient en transe recevraient ce qu'ils avaient demandé. Et maintenant, je sais ce que ma mère a demandé. C'est à cause de cela que je l'ai tuée et que tout cela m'arrive... »

À ce moment de notre échange, je sens s'établir dans ce petit bureau une atmosphère spéciale, gênante. Les yeux de Denis changent, deviennent troubles, m'inquiètent. Ils semblent ne plus me voir et expriment la terreur. Il s'arrête de parler. Alors j'interviens de nouveau. « Dis-moi, Denis, qu'est-ce qu'elle a demandé, ta mère ? »

D'une voix mal assurée et tremblante comme dans un rêve, il reprend : « Elle a demandé... elle a demandé... » Brutalement, la chaise sur laquelle il se trouve se lève au-dessus du sol, avec lui dessus bien sûr, et, tandis qu'il bat des pieds, va se jeter violemment contre la porte du couloir. Le voilà à terre, délirant, convulsé, écumant, bavant...

D'un bond, je suis à genoux auprès de lui. À mon ordination sacerdotale, j'ai reçu le pouvoir de chasser les démons. Je commence les prières d'exorcisme...

À ce moment, le surveillant qui a entendu le choc entrouvre la porte, découvre le spectacle et hésite. D'un geste, je lui fais signe de nous laisser, ce qu'il fait, et je continue les prières qui produisent leurs effets puisque, petit à petit, Denis se calme, semble redevenir normal. Je le fais rasseoir devant moi, au petit bureau, et renouvelle ma question : « Maintenant, pourras-tu me dire ce qu'elle a demandé, ta mère ? »

Sa voix, de nouveau, se fait hésitante, balbutiante : « Elle a demandé... elle a demandé... » Cette fois, la chaise ne se lève pas, mais ses yeux repartent dans le vide et il culbute par terre. Je recommence les prières d'exorcisme près de cet homme écumant, sautant sur le sol de toute la longueur de son corps raidi. Au nom du Seigneur Jésus, j'intime l'ordre au démon de quitter cet homme, fils de Dieu.

Et encore une fois, je le vois s'apaiser, se détendre. Son visage, jusque-là crispé, est maintenant serein.

À ce moment, je sens comme un regard qui tombe sur moi. Toujours à genoux près de Denis, je lève les yeux. La porte est ouverte et le chef de détention est là, avec trois surveillants, immobiles, silencieux et visiblement impressionnés. Étendu sur le dos, Denis est maintenant très calme, très détendu, les yeux clos dans un profond recueillement, comme s'il dormait paisiblement. Deux filets de larmes coulent lentement sur ses joues.

Le chef de détention ne dit toujours rien. On ne peut pas rester ainsi indéfiniment. Alors, pour rompre le silence, je lui dis : « Est-ce que vous savez ce que vous avez vu ? » J'aimerais lui dire les merveilles de Dieu qui se manifestent dans les exorcismes, mais il ne m'en laisse pas le temps : « Moi, tout ce que je sais, c'est que c'est dangereux. »

Je ne peux m'empêcher de réagir : « Quoi ! c'est tout ce que vous trouvez à dire ? » Mais, de fait, devant sa réaction, il n'y a rien à dire. Ils sont là, tous les quatre, comme paralysés. Après un temps de silence, je dis enfin : « Vous n'allez pas le laisser là, il faut le mettre sur son lit, dans sa cellule. » C'est ce qu'ils font, en le tirant sur le sol par les pieds. Puis ils sortent bien vite, comme pour mettre une distance entre eux et lui.

Sur le pas de la porte ouverte, ils sont là, tous les quatre, à le regarder, si beau, dans son calme, soucieux sans doute de savoir si la crise est bien terminée. Finalement, l'un d'eux dit : « M'sieur l'aumônier, vous pouvez partir, maintenant il est guéri. — Vous avez raison, il est guéri ! »

Je suis parti, mais je ne savais toujours pas ce que sa mère avait demandé. Dans les jours qui ont suivi, très calmement cette fois, Denis a pu me l'expliquer. Elle avait demandé à être tuée des mains de son fils. Après leur retour de voyage, chaque soir, alors qu'il commençait à s'endormir, elle venait le réveiller et le petit jeu continuait toute la nuit, si bien qu'il n'avait plus aucun moment de sommeil. Alors, une nuit comme les autres en apparence, alors que sa mère se penchait sur lui, il l'a prise à la gorge et l'a étranglée.

Le lendemain de l'exorcisme, Denis m'a fait parvenir ces quelques mots :

Vous avez réussi. Hier ma mère n'est pas venue. Je n'aurais jamais cru que vous pourriez. Venez me voir.

Bien sûr, j'y suis allé. Il était redevenu paisible et souriant. Nous avons dialogué, prié ensemble.

Plus tard, j'ai rencontré dans l'escalier un des infirmiers en blouse blanche, qui m'a dit : « Monsieur l'aumônier, mais qu'est-ce que vous avez fait hier avec Denis ? — Avec Denis ? Oh ! rien de spécial ! — Oui, mais en tout cas les psychiatres de la prison sont vraiment choqués et ils disent : "C'est étonnant, en un quart d'heure, l'aumônier a fait ce

qu'on n'a pas pu faire en un an ! Comment cela se fait-il ?"
— Ah, dis-je, c'est très simple. Ce n'est pas l'aumônier qui a fait cela ; il a juste dit les paroles. C'est la puissance de Dieu qui a tout fait. »

Lors d'une autre visite, Denis m'a dit : « Mon avocat ne comprend rien à ce qui vient de m'arriver. Il voudrait vous rencontrer. » C'était un grand avocat parisien. J'y suis allé pour m'entendre dire : « Mon client n'est plus le même. Son écriture elle-même a changé. Regardez ces deux lettres. Il y en a une d'avant l'événement et l'autre d'après. Qu'est-ce qui s'est passé ? »

Il marchait de long en large, pensif, dans son immense bureau, près de l'Étoile. J'essayais de lui expliquer l'intervention des forces du mal et celle de Dieu par l'exorcisme. Il m'interrompit aussitôt : « Je suis agnostique ! — Peu importe, maître. Les faits sont les faits ! lui ai-je répondu, et les résultats sont là qui vous bouleversent. Je puis ajouter que j'ai vu des choses semblables bien des fois. »

Le procès de Denis — procès d'assises — a duré trois jours. Journées dramatiques où étaient évoqués des événements effrayants et à rebondissements. Le père de Denis, qui avait un très lourd différend avec son fils, avait annoncé qu'il n'y assisterait pas. Malgré tout, il est venu et s'est réconcilié avec lui en l'embrassant chaleureusement en plein tribunal. La sentence n'a pas été très lourde.

Après son exorcisme, Denis avait commencé une vie spirituelle très forte. Comme il avait été muté dans une autre prison, j'avais expliqué à son nouvel aumônier ce qui s'était passé, et je continuais à aller le voir. Il désirait, à la fin de sa peine, faire une longue retraite dans une maison religieuse, et sa famille, avec qui j'avais pris contact lors du procès, y était très favorable et devait l'y conduire. Nous avions tous pris rendez-vous pour sa sortie.

La rencontre n'a pas eu lieu. Comme j'ai regretté ce rendez-vous manqué ! Mais je sais que le Seigneur qui était intervenu avec tant de force et d'amour dans la vie de Denis ne l'a pas abandonné aux manœuvres de l'ennemi, qui avait dû passer à la contre-attaque.

Une fois encore on est venu me chercher pour des exorcismes dans une prison de Paris. Avec l'autorisation du cardinal j'y suis allé, mais le cas se révéla beaucoup plus dur. L'ennemi semblait faire corps avec le malheureux détenu, qui paraissait émerger par moments, mais était toujours repris.

2. Des surveillants impressionnés

L'ombre du démon est toujours présente dans la prison, et les surveillants eux-mêmes sont parfois impressionnés. Des détenus essayent de se servir de lui pour se venger de quelqu'un, voire d'un surveillant. C'est ainsi qu'un soir, on me demande de passer en sortant à la salle des gradés. J'y entre et trouve plusieurs d'entre eux debout, silencieux, autour d'une table au centre de laquelle est posée une poupée en mie de pain, transpercée d'aiguilles.

C'était sans doute l'œuvre d'un détenu qui croyait que

les parties du corps percées seraient, sur la personne visée, touchées par la maladie. Il n'y avait pas que les détenus, comme celui qui avait fait cette poupée, pour y croire. Il y avait aussi les surveillants et je voyais bien qu'ils attendaient que je fasse quelque chose pour les protéger du mauvais sort.

J'ai fait une courte prière, leur ai affirmé avec force que le Seigneur est plus fort que l'ennemi, puis, la poupée dans ma poche, je suis parti en leur serrant la main. J'ai prié tout au long de ma route de retour et aussi pendant que je brûlais cette poupée dont on avait voulu faire un agent de malheur. N'était-ce pas tout un symbole ?

3. Alex et sa femme

À propos du démon, le Christ nous dit : « *Quand l'ennemi a été chassé, il revient avec sept autres esprits plus mauvais encore !* »

Plusieurs fois dans mon ministère, j'ai constaté la justesse de cette affirmation.

C'est malheureusement ce qu'a expérimenté Alex. Après un rude combat durant sa détention contre l'ennemi qui demeurait caché — et n'avait pas pu l'empêcher d'adhérer de tout son être au Christ —, c'est seulement après sa libération qu'il le vit plus à découvert.

Voilà donc un homme qui durant trois ans a souffert à une profondeur inimaginable, enfermé bien sûr, mais de plus à l'isolement, en un temps immobile qui n'en finissait plus, face à face avec son orgueil qui l'empêchait de reconnaître sa culpabilité. Il accusait Dieu de la peine injuste qui l'écrasait. Temps de torture et de ténèbres, entrecoupé de moments de lumière qui venaient apaiser son cœur angoissé. Il ne se lassait pas de lire la petite sainte Thérèse et de regarder son image épinglée au mur. Puis, à nouveau, la révolte se levait en bourrasque. Que de rosaires aussi n'a-t-il pas fait monter vers sa mère du ciel !

Dès que j'entrais dans sa cellule où j'allais souvent le voir, au premier regard je savais dans quelle phase de son combat il se trouvait. Assis sur son lit, nous causions longuement et priions ensemble. Cette lutte ininterrompue avec Dieu, un peu comme celle de Jacob avec l'Ange, le transformait cependant petit à petit en un homme nouveau. Quand sa libération est arrivée, il ne s'était pas encore tout à fait rendu à son Dieu comme un enfant faisant pleine confiance à son Père du ciel. L'ennemi le savait et allait revenir à l'assaut de façon nouvelle et inattendue.

De retour chez lui, il retrouve sa femme qui l'avait tant soutenu durant son incarcération grâce à sa foi profonde et à son amour face à sa révolte à lui. Par contre, il ne retrouve pas ses deux grandes filles qu'il aime tant. Elles en veulent à leur père et ont déserté la maison. Alors des paroles de récrimination montent de son cœur contre Dieu : « Pourquoi t'acharner ainsi contre moi ? Ne m'as-tu pas fait assez souffrir ? N'ai-je pas assez payé, assez prié ? » Malgré cela, il s'accroche à son Seigneur, à la Vierge Marie et continue de prier intensément. Il participe avec sa femme à deux groupes de prière dont plusieurs membres l'entourent avec amour.

Heureusement, sa femme est là, qui a su résister aux sollicitations de toutes sortes la poussant, comme tant de femmes de détenus, à abandonner son mari. Elle participe à son combat dans la prière et tout commence à s'arranger, jusqu'au jour où la situation s'inverse du tout au tout.

De manière visible cette fois, l'ennemi attaque en ne s'en prenant pas à lui, mais à elle qui permet à son mari de lui tenir tête en le portant par son amour, sa foi, sa prière. Il n'utilise plus la suggestion et la ruse, mais la force et la violence.

Son attaque a lieu un dimanche, alors qu'ils assistent tous les deux à la messe dans une église comble. Elle, si douce et si timide, se lève, monte dans le chœur auprès du célébrant et l'interpelle vertement en frappant du poing sur l'autel. Elle lui reproche de déformer la Parole de Dieu. C'est elle maintenant qui est envoyée par Dieu, etc.

Évidemment, on la fait sortir et on la ramène à la maison. Mais là, loin d'être calmée, les yeux exorbités, elle continue de vociférer, de tirer la langue en grognant, de sauter, de s'écrouler, de s'affaler sur le canapé, de repartir de plus belle, tout cela devant son mari tétanisé par la peur. Visiblement, sa femme est saisie par une force inconnue.

Des amis d'un petit groupe de prière dont elle fait partie sont là et se relaient pour prier. Mais c'est invivable : elle hurle, tire la langue, n'arrête pas de sursauter de jour et de nuit, de dire des paroles incohérentes. Après toutes les prières d'exorcisme, elle s'apaise momentanément, arrête ses vociférations, et d'une voix timide et pâteuse appelle

Dieu à son secours. Néanmoins, la crise se prolonge. Après deux jours d'une telle situation, je vois bien que cela dure trop et qu'elle va mourir d'épuisement. Je fais donc venir deux médecins du centre psychiatrique voisin.

Alex leur explique que sa femme a été voir un sorcier parce qu'elle espérait que cela arrangerait ses affaires avec ses enfants, mais qu'elle a refusé d'y retourner parce qu'il lui demandait trop d'argent. Alors le sorcier l'a menacée ou, comme on dit, lui a jeté un sort ou autre chose, je n'en sais rien. Toujours est-il que les psychiatres l'emmènent non sans demander : « Nous autres, nous sommes incroyants. Mais vous, si vous croyez vraiment que c'est son histoire de sorcier et que vos prières suffiront, pourquoi faire appel à nous ? Qu'est-ce que vous voulez qu'on fasse ? »

C'est le mari qui répond immédiatement avec beaucoup de justesse : « Faisons chacun à notre place ce qui nous revient. Nous, nous croyons, alors nous prions et l'entourons sur ce plan. Vous, soignez son corps afin qu'il puisse soutenir le combat qu'elle mène et que nous menons avec elle. J'ai dit que nous menons, car déjà, depuis l'exorcisme que notre aumônier a fait sur elle, elle a des moments de lucidité, où elle appelle Dieu à son secours. La brèche est ouverte ! Aidez-nous par vos soins médicaux à continuer la bataille ensemble et nous la gagnerons. »

Nous nous sommes tous très bien entendus ; la bataille est maintenant gagnée. Le couple est sorti de l'épreuve, plus profondément uni. Les tensions s'apaisent et je suis persuadé qu'ils vont obtenir du Seigneur le retour de leurs enfants.

Le Seigneur est vainqueur dans l'amour.

Cette expérience douloureuse m'a confirmé dans une sorte d'évidence concernant la sortie des détenus. Ceux qui sortent de prison avec une foi encore jeune, même s'ils l'ont vécue pendant plusieurs années en prison, devraient tous pouvoir trouver en sortant des groupes de chrétiens qui les accueillent sur tous les plans, profanes et religieux. Que serait devenu Alex s'il avait dû affronter seul tous les obstacles qui se sont dressés sur sa route ? Comment ne pas souligner aussi l'aide que nous a apportée le groupe de médecins agnostiques et les services sociaux lors de la crise de sa femme ?

4. Contre-attaque de l'ennemi

Les puissances de l'ennemi sont réelles, voilà ce qu'il faut dire. Et c'est encore un autre aspect de la prison : le mystère du mal qui y guette l'homme.

On se demande souvent, face à ces détenus, ce qu'on aurait fait dans la situation qui est la leur, avec le même manque d'éducation, la même inculture, la même ignorance de la Parole de Dieu dans leur jeunesse, et surtout la même privation d'amour dans leur enfance. Et on s'aperçoit du mystère de l'homme, capable d'actes incroyables et parfois de perversité inouïe comme si la source du mal jaillissait en lui pour éclabousser son entourage.

Je me souviens du premier détenu que j'ai rencontré. Dans le couloir, un gradé s'avance vers moi : « Vous êtes le nouvel aumônier ? Écoutez-moi. Je suis en peine pour un jeune qui vient d'arriver. Il ne fait que sangloter. Trois jours déjà qu'il ne fait que cela ! » C'était très beau de sa part de se soucier ainsi d'un jeune détenu de son couloir.

Il m'ouvre la cellule, et je vois, me tournant le dos, un jeune assis à la table, la tête dans les mains et les épaules secouées par les sanglots. Je m'approche, son visage, inondé de larmes, se tourne vers moi.

Je l'ai vu dans une telle détresse que j'ai compris que ce n'était pas le moment de parler plus avant. Simplement, j'ai posé ma main sur son épaule et je l'ai regardé avec affection, en lui disant : « Je suis l'aumônier et je t'assure qu'il y en a qui t'aiment. Je vais revenir. » Ce que j'ai fait le soir même. Petit à petit, ce garçon m'a raconté son histoire. Il avait vraiment de quoi pleurer... je vous assure.

Un papa nord-africain, mariée avec une Bretonne. Ce père, qui était courageux et travaillait dur pour élever ses six enfants, était exigeant aussi pour sa femme. Elle devait travailler autant que lui et ne jamais sortir. Elle devint malade, dépressive et se mit à boire.

Un soir, en rentrant, le père a vu sa femme tout à fait ivre, il l'a frappée au visage et elle est tombée à la renverse, se fracassant le crâne sur l'angle de la cuisinière. Elle était là, baignant dans une mare de sang, devant les enfants terrorisés. Il a téléphoné à la police et, au milieu de la nuit, les gendarmes les ont emmenés et dispersés dans diverses maisons d'enfants.

Ce garçon, marqué à jamais, avait traîné de maison d'accueil en centre d'apprentissage, mais, comme il me le disait : « Le samedi, je voyais mes camarades s'en aller dans leur famille, et moi j'étais seul, toujours seul. » Alors, dans sa révolte et le souvenir de son malheur, il avait commis des actes graves qui l'avaient mené là, en prison.

Je lui ai donné une visiteuse pleine de délicatesse et d'attention, qui est devenue comme sa maman. Il venait à l'aumônerie et j'allais le voir en cellule. Nous parlions longuement et en confiance.

Sa préparation au baptême a été excellente et son baptême fut une grande fête célébrée à l'extérieur, lors d'une permission.

À sa sortie de prison, sa visiteuse l'a reçu chez elle, en famille, et je l'ai confié à quelqu'un d'influent qui lui a trouvé du travail et l'a pris en charge. Il s'est marié, a eu des enfants et a été entouré de toutes les façons par la fraternité du Bon Larron.

Malheureusement, il est de nouveau en prison, où il est retombé pour un très long temps, dans la révolte. Quand on a ainsi été marqué dans sa jeunesse, c'est quelque chose qui dure et dont on ne ressort que par étape.

Je suis persuadé que le Seigneur, sans tarder peut-être, saura rendre la paix à cet homme visité par un tel malheur. N'est-Il pas l'amour sans limite qui se donne à la misère ? Ses chemins, qui ne sont pas les nôtres, nous surprendront toujours.

Je garde contact avec lui et notre fraternité Bon Larron continue de l'entourer.

— IX —

La liturgie, source de découverte du Ressuscité

1. Pierre et le « petit rond blanc »

Pierre a 26 ans. Depuis des années, il se shoote à l'héroïne et voyage beaucoup pour s'en procurer et en faire commerce. Il est au bout du rouleau. Sa santé s'écroule. On l'arrête en Italie. En cellule avec d'autres détenus, il survit comme un sac vide, affalé, écrasé sur son lit.

Un jour comme un autre, dans ce temps vide, le surveillant frappe à la porte et annonce : « Aujourd'hui, c'est Noël ! Que ceux qui veulent venir à la messe sortent ! »

Trois détenus s'exécutent. Comme un somnambule, par automatisme, Pierre les suit et se traîne jusqu'à la chapelle. La messe commence avec les chants traditionnels. Il est là, tassé sur sa chaise, écrasé et vidé comme d'habitude. À l'élévation, il lève les yeux sur l'hostie.

Et brusquement, il a l'absolue certitude que Dieu est là,

dans ce « petit rond blanc », comme il dit. Qu'est-ce que Dieu ? Il ne saurait le dire, et encore moins ce qu'est ce « petit rond blanc ». Ce qu'il sait, c'est qu'il est envahi par une présence qui le comble et le bouleverse. Avec délice, les yeux clos et toujours tassé sur sa chaise, il se laisse submerger par une sorte de joie qui efface tout.

L'étonnante aventure commence. Revenu en cellule, il veut savoir et interroge tout le monde, lit et relit l'Évangile. Libéré, il prend sans tarder le train pour Paris et, sitôt sorti de la gare, se dirige vers une église, car il sait que c'est là que réside l'être mystérieux qui l'a envahi à Noël. Il veut savoir et le connaître, c'est logique, oui ou non !

Dans l'église, il s'assoit tout au fond, au pied d'un pilier, comme le publicain dans la synagogue. Il change d'église de temps en temps, mais se met toujours à la même place du fond, et toujours pour savoir. Il reste là du matin au soir, et assiste à toutes les cérémonies : baptêmes, mariages, enterrements, messes, veillées, etc. Il écoute...

À midi, il sort pour faire la manche, s'acheter du pain et du lait. Son repas terminé, il revient à l'écoute, toujours à sa place, à la recherche de Celui qui a frappé à sa porte : « Où es-tu, ami ? »

Et cela va durer deux ans !

Au fond de lui grandit un besoin de purification, de pénitence et d'humiliation. En guenilles et savates, des cheveux qu'il se coupe lui-même de façon grotesque, il ne craint ni les rebuffades ni les moqueries ; il les recherche par besoin de « pénitence », c'est le mot qu'il emploie. Voilà deux ans qu'il mène cette vie-là, mais, un matin, il sait que désormais il n'en apprendra pas davantage de cette manière sur Celui qui l'a ébloui.

Il reprend une vie plus normale, se marie, a deux enfants. Mais son état de santé est si délabré par sa longue pratique de la drogue que la vie de famille devient impossible. Il faut se rendre à l'évidence et le couple se sépare dans la souffrance et dans une amitié profonde.

C'est dans cet état qu'il m'appelle pour une aide spirituelle. Je m'occupe alors de lui et il vient témoigner avec moi en France et à l'étranger. Puis, de nouveau, un appel au secours : « Mes neurones sont détruits. Je ne peux plus vivre. Trouvez-moi un endroit d'accueil et de prière. » Aussitôt, je pense à la péniche *Tibériade* qu'avec quelques amis, nous avons créée dans ce but.

Le temps de composer le numéro de téléphone, une prière intense monte de mon cœur vers le Seigneur : c'est pour des hommes comme lui, Seigneur, ces hommes que tu aimes et qui sont dans une telle détresse, que tu nous as donné d'organiser ce bateau. Fais qu'il y ait une possibilité de l'accueillir, sinon, que va-t-il devenir ?

Le soir même, Pierre s'endormait dans la petite chambre toute neuve qui pour des années devenait la sienne. La vie telle qu'elle se déroulait sur la péniche, c'est ce que Pierre attendait depuis des années sans le savoir. Il s'y est lové, abandonné, dans le recueillement, le silence, la prière et une confiance touchante envers les responsables du bateau. Il se tenait longuement dans la petite chapelle que le flux de la Seine balançait doucement.

Après un an de cette plongée en son Seigneur, en ce lieu

fait pour lui, il émergeait, capable d'une nouvelle étape. Sa maturité spirituelle, son amour de ses frères blessés par la vie, son désir de les aider et de leur faire découvrir le Seigneur en ont fait un « éducateur » hors pair, précieux pour le bateau.

2. Paul, un caïd

J'ai déjà dit un mot de Paul, celui qui avait simulé une attaque de banque dans le seul but de se faire tuer par la police, tellement il en avait assez de la vie. Voici son témoignage.

Paul balance imperceptiblement ses deux mètres de taille. Dans un visage buriné, des yeux mobiles, aux éclairs fugitifs, qui vous regardent avec chaleur, mais en même temps avec interrogation et inquiétude. Tout en lui respire une violence contenue, prête à éclater soudainement.

Né dans une famille dominée par l'alcool, il a vécu une jeunesse douloureuse dont la seule issue lui semble être l'opposition violente. Violé par un moniteur au cours d'un séjour en colonie de vacances, il est profondément blessé et devient méchant. Une envie de destruction l'habite. Il joue les caïds, d'école en école, et terrorise ses professeurs. Premiers cambriolages. Engagement dans la marine, d'où il est bien vite renvoyé pour éthylisme. Engagement sur un bateau marchand. Deux années de voyage sur toutes les mers du monde, mais un câble rompu d'un cargo qui commence une manœuvre l'atteint de plein fouet. Longs mois d'hôpital. Travail en usine, mariage, suivi aussitôt du divorce, alcool, drogue, deux tentatives de suicide, cambriolages répétés, bref, la détresse totale. Tout s'accumule pour qu'il ne lui reste qu'un seul désir : en finir. Mourir enfin.! ..

Il échafaude donc le scénario dont nous avons parlé plus haut : hold-up avec une arme factice pour que la police lui tire dessus et le tue. Ça ne marche pas. Les policiers l'arrêtent, sans un coup de feu. Jugement, condamnation à quatre ans. En prison, il n'en peut plus. Il tresse un filin. Le soir venu, il en attache une extrémité au montant du lit et se passe le nœud coulant autour du cou.

Cependant, quelqu'un est là, dans un fauteuil roulant : son compagnon de cellule, semi-paraplégique. De sa main libre, il brandit une béquille et interpelle Paul violemment : « Tu veux te foutre en l'air ! T'es pas un peu dingue ! Tu veux ma béquille dans la gueule ! Qu'est-ce que je dirais, moi, paralysé et en prison depuis douze ans ! », etc. Paul enlève son nœud coulant et la vie continue.

Quelques jours après, ce camarade lui dit : « Maintenant, emmène-moi à la messe, car seul, je ne peux monter les marches avec ma chaise roulante. Tu vas m'aider. » Tous deux arrivent à la chapelle qui se trouve à l'étage. Le surveillant interdit à Paul de redescendre seul en cellule : puisqu'il a amené son ami, il doit aussi le ramener. Il lui faut donc rester à la messe.

L'aumônier met en route un disque, c'est un chant à la Vierge Marie, que, tout enfant, Paul a déjà entendu : « Vierge de lumière, marche auprès de nous, sois notre espoir et notre joie ! »

Ce qui se passe alors, il a du mal à le raconter. Il se sent baigné dans une lumière chaude et douce, pleine de tendresse maternelle, et une voix lui dit : « N'aie plus peur, mon petit, je suis là et je t'aime... Pleure ! Mais oui, pleure ! » Effectivement, il pleure à chaudes larmes, sans pouvoir s'arrêter, et il sent que ses larmes le lavent et le purifient.

Il sait désormais que le ciel existe et qu'il contient tout l'amour du monde, toute la tendresse qu'il cherche, sans le savoir, depuis son enfance. On pense évidemment à la nuit d'illumination de Pascal ! Comme lui, il peut dire : Joie, joie, larmes de joie !

La prison continue, mais de tout autre manière. Lui, le dur, il a fait l'expérience de la tendresse. Paul, qui est un homme d'une seule pièce, va connaître une métamorphose totale.

À sa sortie de prison, c'est une autre aventure qui commence pour Paul. D'abord, il se marie avec Lucie qui partage sa passion pour le Seigneur. Ils vont vivre en communauté, dans une maison d'accueil que nous avons ouverte, avec Henri Cotta, à Trappes. Les années passent, trois enfants naissent. Ils se donnent à pleine foi et à plein cœur dans l'équipe responsable, où se trouve aussi Fabrice, un ancien dealer, redoutable jusqu'au jour où le Seigneur, en une seconde, devant une grande foule de pauvres, s'est manifesté à lui. Mais il faudrait un autre livre pour raconter sa vie... quel ami, quel homme extraordinaire !

Paul, quant à lui, n'a qu'un rêve : la révision de son casier judiciaire, pour pouvoir pénétrer dans les prisons comme visiteur et annoncer Jésus à ses frères. En 1993, c'est chose faite, sur décision de la cour d'appel de Caen. Depuis, avec sa femme Lucie, Paul s'emploie de toutes les manières à remettre sur pied les détenus en leur révélant Celui qui l'a arraché au suicide pour lui donner cette passion de vivre. Il commence à réaliser ce qui lui tient à cœur depuis longtemps et qu'il appelle « l'atelier du saint silence », c'est-à-dire un lieu d'accueil « pour donner des moyens artistiques à d'anciens détenus, afin qu'ils prennent assurance par la découverte de leurs talents cachés ».

Hélas, il faut le dire, le démon qui le tenait captif ne s'est pas déclaré vaincu. Il guette, et intervient parfois avec une violence qui déconcerte. Mais Paul n'est pas seul. Heureusement conduit par l'Esprit saint, il a su s'insérer dans des groupes d'Église qui le portent et l'aident à suivre le conseil du Seigneur : « *Veillez et priez pour ne pas entrer en tentation.* » Pour lui aussi il faudrait un livre pour raconter cette vie d'apôtre puissant, bien que blessé, toutes ses initiatives, ses aventures dans lesquelles tant d'êtres écrasés se sont ouverts à la vie du Christ sauveur, et cela dans les cabarets et autres lieux de ce genre.

3. Témoignage d'une conversion

Ce témoignage, donné par Yves lors d'un de nos week-ends Bon Larron, met en relief la nécessité de proclamer la Parole de Dieu, mais surtout il est très caractéristique, parce que la Parole a été portée à Yves justement par le détenu le plus méprisé, le plus rejeté, le plus persécuté de sa prison.

J'ai rencontré Jésus alors que j'étais dans la souffrance et la misère. Il m'a guéri avec son amour. Voici mon histoire.

Mes parents étaient ouvriers agricoles. Chez nous, il n'y avait pas de câlins, pas de tendresse. C'était à cette époque-là la survie, pas la vie. Il fallait travailler beaucoup pour gagner très peu. Et mes parents pouvaient-ils me donner ce qu'ils n'avaient pas reçu ?

De village en village, de ferme en ferme, nous sommes un jour arrivés à Vaudemanges, petit bourg très riche avec son vignoble. J'avais 9 ans. À l'école, j'étais le seul fils d'ouvrier, mal habillé. Je n'avais pas d'ami et je sentais même le mépris de l'institutrice. Je crois que c'est à ce moment que ma marginalité a pris naissance et ma haine aussi.

Les vacances, c'était dans les champs. Il fallait couper le bois et, le soir, s'occuper du jardin ou nourrir les poules et les lapins. Quand j'avais du temps à moi, j'allais dans les bois. J'observais les animaux que j'approchais assez facilement. Je crois que cela mettait du baume à mon cœur déjà piétiné.

Aux premières vendanges que je fis, j'ai connu un autre monde : celui des gitans, avec qui je ne me sentais pas rejeté. Les gamins m'ont appris à rendre coup pour coup et à me battre en donnant des coups vicieux qui font très mal. Ils me disaient : « Frappe-les, même si tu ne sais pas pourquoi ; eux savent que c'est parce qu'ils te méprisent. »

Avec la haine qui grandissait en moi, ces dix jours passés avec les gitans m'ont incité à mettre en application tout ce qu'ils m'avaient appris à propos de la violence. Ainsi j'ai terrassé tous les plus grands de l'école qui me méprisaient sans me le montrer.

Je revoyais mes gitans tous les deux mois quand ils stationnaient dans le village. Pour moi, c'était la fête et j'apprenais à chaque fois des choses nouvelles sur le combat de rue pour lequel il n'y avait pas de règles établies. J'apprenais mieux avec eux qu'avec l'institutrice.

Pour ne pas se faire trop mal voir, mes parents m'avaient envoyé au catéchisme. Cela ne me plaisait pas, car je pensais avoir le même accueil qu'avec l'institutrice. Au bout de quelques semaines cependant, j'ai eu l'impression que le vieil abbé m'aimait plus que les autres. Je suis devenu enfant de chœur. Au début nous étions quatre. Un mois plus tard, je n'étais plus que tout seul. Les autres enfants avaient demandé mon expulsion à l'abbé. Ils ne devaient pas bien connaître leur prêtre, car c'est eux qu'il a virés. Cela lui a valu quelques ennuis avec certains paroissiens, mais comme il avait cinq paroisses, il leur a dit : « Si vous me cassez les pieds, je ne viens plus chez vous. J'ai déjà trop de travail pour mon âge. Je n'ai pas de temps à perdre avec des hypocrites que j'ai vus, il n'y a pas si longtemps, dans la misère. »

J'aimais cet homme, l'abbé Paulet. Je n'ai jamais compris le sens profond de ce qu'il enseignait, mais j'aimais l'écouter. Il racontait de belles histoires. Il m'a fait faire ma communion solennelle et ma confirmation. Quand ce bon vieil abbé est parti, j'avais 13 ans. Après quoi, j'ai travaillé dans la même ferme que mon père.

Dès que j'ai pu avoir une mobylette, j'ai passé mon temps

libre avec des loubards de Châlons-sur-Marne et des Manouches. J'avais des copines. Pour moi tout allait bien, mais cela n'a pas duré. Des bagarres m'ont mené en prison.

Après cet épisode, ce fut l'armée. J'ai été versé dans une unité spéciale et instruit dans l'art de détruire et de faire le mal. Une fois libéré, je suis venu à Paris où j'ai fait une multitude de petits boulots. Par exemple, j'ai été cracheur de feu et lanceur de couteaux avec une bande de joyeux lurons.

Par la suite, je suis devenu cambrioleur jusqu'au jour où, dans un règlement de comptes, j'ai tué quelqu'un. J'ai pris quinze ans de prison. De transferts en transferts, je suis parvenu à la centrale de Saint-Martin-de-Ré. Ma peine était méritée. Avec la vie que j'avais menée, c'était logique que cela se termine de la sorte. Je n'avais alors plus aucune nouvelle de ma famille et je pensais que c'était mieux ainsi. Grâce à mon habileté à manier les lames de couteaux, j'étais partout respecté. Tout s'est donc bien passé.

J'avais fait cinq ans de prison quand ma santé s'est dégradée. Je ne mangeais presque plus. Je perdais mes dents. Je n'avais plus goût à rien. Je me réfugiais alors dans le sommeil. Je pouvais dormir plus de douze heures consécutives sans aucun médicament. Lentement, une idée faisait son chemin dans ma tête. Je commençais à détruire le peu de courrier que j'avais reçu. Je faisais place nette. Je ne voulais plus vivre. Ce n'est pas dur de partir quand on ne veut plus rester ! Et pourtant, je me souvenais de ce bon vieux curé qui m'avait parlé de l'enfer. Je n'avais plus aucune issue. Ma conviction était faite. J'étais bon pour le four crématoire. Malgré cela, j'avais envie de demander pardon. À qui ? Comment ? J'avais l'im-

pression que je partirais ainsi le cœur plus léger. Toutes ces questions m'ont fait tenir quelques jours de plus.

Comme les douleurs qui me serraient le cœur étaient de plus en plus fortes, j'avais demandé à me rendre à l'infirmerie. On m'a appelé un après-midi pour un électrocardiogramme. C'est là que j'ai rencontré un petit homme auquel je n'avais pas prêté attention jusque-là. Nous étions trois, enfermés dans la même cage. J'avais très mal.

L'un d'entre nous fut appelé. Je restai en compagnie du petit homme. Bientôt il engagea la conversation. Comme tout arrivant, il se renseignait sur la discipline et le règlement intérieur de la centrale. Nous avons parlé un moment. Tout à coup, il s'est exclamé : « Tu n'as plus mal maintenant. » *Je l'ai regardé, interloqué. En effet, je me sentais bien. Il déposa sur le banc, entre nous deux, un livre dont le titre était* Jésus, notre destin. *Il me dit :* « J'ai prié le Seigneur pour qu'il te soulage. »

Pour moi, c'était comme si j'avais reçu une douche froide. Je n'étais certes pas tout à fait athée, mais je supportais très mal les prêchi-prêcha. Je ne fis cependant rien paraître. Il était si passionné, si rayonnant, que j'avais écouté son témoignage et toutes les choses que son Dieu avait faites pour lui. Je sentais une douce chaleur me traverser le corps et une conviction s'imposait au plus profond de moi : cet homme disait la vérité.

Il s'appelait Claude. Je lui avais donné rendez-vous dans la cour pour le lendemain. Cette nuit-là, j'étais excité. Quelqu'un savait ce qu'il y avait au fond de moi. J'éprouvais une profonde angoisse. J'étais foutu. J'avais commis trop de péchés. J'avais tué ! Mais cela ne faisait rien ; je voulais savoir.

Le lendemain, je retrouvai Claude avec joie. Il allait devenir un frère pour moi. Il m'expliqua le rôle de Jésus, fils de Dieu, venu racheter les hommes. Tous les jours, nous passions quatre heures avec Dieu. Au bout d'une semaine, j'éprouvai la nécessité de me convertir, mais je me sentais encore bien maladroit pour parler au Seigneur. Claude me dit alors : « Parle au Seigneur comme à un ami. Dis-lui tout et tu sentiras son pardon venir dans ton cœur. »

C'est ce que je fis, le 28 avril 1991, durant toute la nuit. J'ai raconté au Seigneur mes quatre cents coups. J'ai pleuré comme je n'avais jamais pleuré. Cela me faisait tant de bien que je ne sentais plus le poids qui m'accablait. Cette nuit-là, quelque chose est né en moi. Je me suis senti soudain envahi d'un amour indéfinissable. J'ai pleuré tout simplement devant l'amour de Jésus qui sans relâche veut sauver le plus misérable, le plus vil des hommes. Le lendemain, avec Claude, je reconnaissais Jésus comme mon Maître et mon Seigneur.

En quelques jours, mon langage a changé. Avant je parlais, comme les autres détenus, un langage ordurier. Désormais je revivais. J'avais un espoir et de nouveau un but.

Tous les jours, pendant quatre ans, j'ai étudié la Bible avec Claude. Dehors, on priait aussi devant les autres détenus. Comme ils me connaissaient d'avant ma rencontre avec Jésus, ils ne comprenaient pas et pensaient que j'étais fou. J'ai eu des ennemis. J'ai pu ainsi mieux comprendre le psaume 23 : « Ils ont rugi, ils ont montré leurs dents, mais personne n'a pu nous toucher. »

On peut parler de Dieu aux incroyants sans que cela les

gêne par trop. Par contre, le seul nom de Jésus déchaîne des colères. Il fait frissonner les âmes.

Je suis sorti de prison le 20 juin 1995 et suis allé chez Pierre Deglos, pasteur à Soissons, sur les conseils de Claude. Un jour, un couple de jeunes gens venus assister au culte m'ont invité à venir chez eux bricoler. J'y suis resté dix-huit mois durant. Je leur dois beaucoup. Ils m'ont aidé à rester près du Seigneur et m'ont réappris à travailler et à prendre des initiatives. J'avais presque tout oublié.

Je sais que le Seigneur me regarde et continue de s'occuper de moi, car il ne cesse de placer des frères sur ma route. C'est ainsi que je suis là aujourd'hui.

Le mot « merci » que je dis au Seigneur est un mot bien dérisoire pour exprimer ce que mon cœur voudrait crier, chanter, hurler. Alléluia !

Yves continue de fréquenter bien des bandes non sans risque car c'est pour y être témoin du Seigneur !

— X —

La lampe doit être levée bien haut pour éclairer toute la maison

Pour beaucoup, la prison est un lieu de ténèbres, comme nous l'avons vu.

Mais « *la Lumière luit dans les ténèbres*[1] ».

Ne fallait-il pas se saisir de cette lumière, la prendre et l'élever bien haut pour éclairer la maison tout entière, la faire briller à l'extérieur de la prison, afin qu'émerveillés, beaucoup se trouvent appelés à grossir le nombre de ceux qui travaillent à la répandre ?

J'ai reçu cet appel avec d'autres chrétiens et nous avons mis sur pied la fraternité du Bon Larron.

1. Jean, I, 3.

1. La fraternité du Bon Larron

Le Bon Larron est une association qui a pour objet de rassembler toutes les personnes chrétiennes désireuses d'apporter aux détenus et à leur famille un accompagnement fraternel, efficace, durant le temps de la détention — et Dieu sait s'ils en ont besoin — et de les aider ensuite à se réinsérer, comme on dit, dans la société, dans l'Église, dans la vie, sur tous les plans, lors de leur libération. Et, pour ce faire, d'adopter la proclamation de la Parole de Dieu comme pilier principal de l'action auprès des détenus, ex-détenus et de leur famille.

2. Les week-ends du Bon Larron

Je suis venu pour que vous ayez la vie en abondance. Oui ! encore faut-il que celui qui est détruit rencontre cette source de vie qu'est Jésus, qu'il entende sa parole, et pour cela, il faut beaucoup de monde. C'est pourquoi j'ai institué les week-ends du Bon Larron, qui se tiennent deux fois par an à Versailles, où viennent témoigner les détenus récemment libérés.

Ces week-ends sont donc *l'histoire de centaines d'anciens détenus* qui sont venus y proclamer l'invasion du Christ dans leur vie. Tour à tour, ils nous ont décrit les différentes étapes de leur découverte du Christ Jésus en prison. Ils ont témoigné de la transformation de tout leur être et de toute leur vie à l'issue de cette découverte. Ils ont insisté sur les changements profonds qui en ont résulté dans les relations avec leur famille.

Le nombre d'anciens détenus qui sont intervenus aurait pu être multiplié au moins par deux, si l'on considère tous ceux qui voulaient témoigner, mais qui n'ont pu le faire tant la durée de ces week-ends était trop courte. Les deux jours ne suffisaient pas à donner la parole à tous les témoins qui la demandaient.

C'est aussi *l'histoire de toutes les personnes qui*, depuis dix-sept ans, sont venues à Versailles pour voir et entendre ces anciens détenus, devenus évangélisateurs par leurs témoignages. Leur reconnaissance envers la miséricorde du Seigneur jaillit littéralement de leur être, rayonne et nous bouleverse.

Ils racontent le drame qui les a amenés en prison, puis la manière dont ils ont été touchés par la Parole de Dieu qui leur a été annoncée avec persévérance en prison, soit lors des rencontres d'aumônerie, soit par un visiteur ou un correspondant, soit par la lecture d'un livre religieux que l'aumônerie distribuait abondamment en essayant d'adapter le prêt aux besoins de chacun, soit enfin par une grâce personnelle reçue au cours de la célébration d'une messe ou seul, par une intervention spéciale de Dieu.

Ils racontent aussi *l'expérience de Jésus* qu'ils ont faite en leur cœur et la façon dont cette *rencontre* a modifié leur raison de vivre et leur comportement dans la prison. Ils témoignent très concrètement de la *paix* qui s'est établie en eux au point qu'elle devient visible et tangible pour tous.

En témoignant ainsi dans ces rassemblements, ces anciens détenus prennent conscience *qu'ils deviennent le point de mire de toute une assemblée chrétienne* qui les aime.

Il est en effet d'une importance capitale, pour ces personnes qui ont été si longtemps méprisées, de se sentir aimées par l'Église et de constater que beaucoup de ses membres sont prêts à les épauler dans leurs besoins spirituels et matériels, à les accompagner dans leur foi naissante.

Ce sont encore *des temps d'enseignement* qui font briller sous nos yeux le diamant de la miséricorde du Seigneur, sous toutes ses facettes. Car s'y ajoutent des témoignages de visiteurs, de correspondants, d'avocats, de juges, de médecins, de thérapeutes, de psychologues et de psychiatres, tous conscients que le Christ est la pierre d'angle indispensable à l'exercice de leur profession. Ils sont déjà précieux et le seront *a fortiori* davantage demain, comme ce couple de thérapeutes qui a eu soudain, à Medjugorjé, l'intime conviction que le Christ était le plus puissant des thérapeutes. Cette découverte les a amenés à transformer leur cabinet professionnel pour se consacrer au Seigneur et mettre toute Sa puissance de guérison au service de leurs frères. Ils soignent et accueillent maintenant gratuitement, ajoutant la prière aux principes de leur science.

Enfin, les enseignements et les témoignages alternent avec des chants de louange, les temps d'adoration du Saint Sacrement et de prière de toute une assemblée intensément recueillie.

3. La Fraternité internationale des prisons

Charles Colson était le conseiller politique du Président Richard Nixon. Du fait du Watergate, cette affaire qui a bouleversé les États-Unis, il a été mis en prison. Comme le plus pauvre des détenus, cet homme d'État, durant sa douloureuse détention, a fait la rencontre du Christ Jésus.

Une fois libéré, il a fondé la Fraternité internationale des prisons, qui fédère aujourd'hui une centaine de pays, dont la France avec la Fraternité des prisons Bon Larron. Les groupes de cette fédération ont pour but de s'entraider à annoncer la Parole du Christ dans les prisons du monde entier. C'est ainsi que le Bon Larron et son fondateur se sont rendus dans les prisons de beaucoup de pays pour porter la Parole de Dieu.

Voici comment le Seigneur fait avancer sa Parole et voyez comme tout cela aussi est pour nous un grand encouragement, un grand soutien, mais ne doit jamais nous faire oublier cette phrase que disait le 18 mai dernier le pape Jean-Paul II : « *Dans une certaine mesure, en effet, chacun est responsable personnellement devant Dieu de la foi manquée de millions d'hommes*[1] », foi manquée ou foi trouvée, foi découverte, foi retrouvée, paix retrouvée, oui, voilà un grand mouvement dans le souffle de l'Esprit.

Le Seigneur est merveilleux et vraiment, à la fin de ce petit travail, du fond de notre cœur, nous lui disons :

Merci, Seigneur, d'être ce que vous êtes.

---

1. *Osservatore Romano* du 22 juillet 1997 sous le titre : « Chaque lieu de vie est un lieu de mission — paroles du pape »

CONCLUSION

T'aimerait-il moins que les autres ?

« *Dieu est amour* » (1 Jean, IV, 8)
Quel immense bonheur d'être appelé à le répandre
Et selon sa promesse, à absorber toute détresse

Au début de ce livre, je vous disais, amis lecteurs, que dès mes premiers pas dans la prison de Bois-d'Arcy, j'avais reçu du Seigneur cette parole intérieure : « Tu annonceras ma parole à temps et à contretemps, à tous, toujours, quoi qu'il arrive. »

Cette Parole... immédiatement, j'ai saisi que c'était le Verbe éternel, pénétrant et emplissant les mots de son amour vibrant. Tout au long de ces pages, vous avez pu constater combien dans la joie profonde et enthousiaste, j'ai essayé de vivre au mieux cette mission. Avec moi, pour une part, vous avez vu pousser cette graine de la Parole, là où on ne l'attendait pas, et réaliser de véritables résurrections, ce qu'aucune autre force au monde n'aurait jamais pu faire et ne fera jamais.

Gloire à Toi, Parole éternelle d'amour !

Ce que je dois vous dire encore, c'est que, tout au long de ces quinze années de joie profonde vécues en détention, la voix mystérieuse de mon Seigneur n'a cessé de résonner au fond de moi-même pour que je le dise à mon tour :

« Je vous laisse ma paix,
je vous donne ma paix,
non pas comme le monde la donne.
Que votre cœur cesse de se troubler et de craindre. »
(Jean, XIV, 27)

« Va, parle, dis-leur que je les aime, n'aie pas peur. Va ! Tu passes en jugement devant eux quand tu parles à ces hommes en détresse... N'aie pas peur, va et témoigne de Ma présence vivante en toi et en eux. Je te demande d'aller toujours plus loin... et de parler, oui, de parler, encore et encore. Ne cherche pas tes mots mais libère ceux que mon Esprit leur dira par ta bouche.

« Va, aime, témoigne, console, guéris, accompagne. Organise au mieux ton action sous la mouvance de mon Esprit et regarde ; vois-les se relever de leur souffrance, de leur désespérance et écoute ; entends-les crier leur joie au milieu de leur peine.

« Aide-les à marcher à leur tour sur ma route et avance-toi avec eux et eux avec toi afin qu'ils aient ma joie. »

« N'ayez pas peur...
Je suis avec vous tous les jours. »

Par centaines, je les ai vus se relever... retrouver la paix... retrouver la joie. J'ai senti une autre petite phrase se lever en mon cœur : « T'aimerait-il moins que les autres ? »

En terminant ces pages, je demande au Seigneur de la faire monter aussi dans votre cœur, ami lecteur.

« T'aimerait-il moins que les autres ? »

Tout renseignement ou précision
peut être demandé à la permanence
de la fraternité Bon Larron :
4, rue du Pont-des-Murgers
78610 AUFFARGIS

TABLE DES MATIÈRES

« Enfants du Fleuve »

1. « Enfants du Fleuve »

« Enfants du Fleuve » est un département de l'ONG « Enfants du Mékong » qui regroupe sous un label commun :

• La collection *Les Enfants du Fleuve* publiée aux éditions Fayard.

• Des ouvrages divers publiés hors collection.

• Des expositions de photographies itinérantes.

• Des conférences.

• Un prix annuel.

• Un service Minitel abrité par le service 3615 Ephata.

L'objectif est de sensibiliser l'opinion publique aux problèmes de l'enfance et de la jeunesse dans le monde, dans un esprit de vérité.

Pour tout renseignement concernant la collection *Les Enfants du Fleuve*, s'adresser aux éditions Fayard (75, rue des Saints-Pères, 75006 Paris. Tél. : 01 45 49 82 00).

2. L'ONG « Enfants du Mékong »

L'ONG « Enfants du Mékong », fondée en 1958, vient en aide aux jeunes originaires du Sud-Est asiatique au Cambodge, Laos, Philippines, Viêt-nam. Elle accueille aussi une centaine de jeunes et de personnes en difficulté dans trois foyers en région parisienne. Elle édite une revue bimestrielle (abonnement annuel : 100 F) et anime des parrainages personnalisés (135 F par mois).

Pour tout renseignement : « Enfants du Mékong », 60, boulevard du Montparnasse, 75015 Paris. Tél. : 01 45 49 12 64. Fax : 01 45 49 09 31 et 5, rue de la Comète, 92600 Asnières. Tél. : 01 47 91 00 84. Fax : 01 47 33 40 44. Minitel : 3615 Ephata.

Prison, terre de métamorphose

Homme de Dieu ! Pour le soldat à l'heure de la bataille, le malade emporté au bloc opératoire, le détenu soudain condamné, le prêtre est l'homme de Dieu. Le sait-il vraiment lui-même tant il ressent battre en lui son humilité, tant il voudrait rassurer, soigner, soulager ? Parfois, à force de se vouloir frère des plus pauvres, il en vient, par une étrange pudeur, à oublier de dire Celui qui est, qui devrait être la joie de sa vie et qu'il s'est engagé à annoncer.

Le père Aubry n'est pas de ceux-là ! Il n'est pas le seul à être prêtre : d'autres le sont dans le silence et peut-être la douleur de ne savoir partager leur bonheur. Ils portent sans doute ceux qui, comme le père Aubry, ont reçu ce don, ce charisme de savoir communiquer ce qui les fait vivre. N'établissons donc pas de hiérarchie dans la communion des saints et réjouissons-nous d'une diversité qui ressemble fort à une course de relais. Le père Aubry est donc celui qui, en fin de course, passe directement le relais et franchit la ligne. Sur cette ligne l'attendent ces plus pauvres de notre temps que sont les exclus de notre société, ceux que notre société exclut physiquement et, du coup, moralement, en les enfermant. On a pu écrire que des anges y entraient, que des fauves en sortaient. C'est bien souvent le cas. Ici, nous assistons à la démarche inverse au point que l'auteur voit dans ce lieu de désolation une terre d'une métamorphose qui pourrait être heureuse.

La collection « Les Enfants du Fleuve », qui accueille avec joie ce beau livre, a rencontré bien souvent les « ados derrière les barreaux », pour reprendre le titre de l'ouvrage de René Mouysset, qu'il s'agisse de barreaux d'acier ou, hélas ! des barreaux de la drogue, de la pornographie, de la délinquance. L'association « Enfants du Mékong », qui anime la collection, reçoit de plus en plus souvent dans ses diverses maisons d'accueil en France des jeunes à la fois coupables et victimes d'avoir été privés de sens. Il est grand temps que des hommes de foi et de courage viennent témoigner de ce qui oriente leur vie, et, s'agissant de prêtres, de Celui qui est le Père des sans pères.

Il y va de l'assistance à personne en danger... En grand danger. Ne risquons pas un délit de fuite qui nous enfermerait à notre tour dans la prison à récidive des lâchetés et des remords.

Jean-Claude Didelot
Président de « Enfants du Mékong »
Directeur de la collection « Les Enfants du fleuve »

AUX ÉDITIONS FAYARD
DANS LA MÊME COLLECTION

SUR L'ENFANCE EN AFRIQUE

Les Petits Esclaves de la « zeriba » (lecture exclusivement réservée aux adultes), Pierre Barbaix. (Sélection du Grand Livre du Mois.)

Les Enfants de l'Apartheid, Élise Fischer.

Ekassi, graines d'espoir, Philippe Hamel et Mouvement international ATD-Quart Monde.

Mauritanie : la vie réconciliée, François Lefort et Carmen Bader. (« Mention spéciale » du Jury pour le Prix Gabrielle-d'Estrées 1990.)

À l'écoute des enfants de la rue en Afrique noire, Marjuvia (sous la direction de Yves Marguerat et Danièle Poitou).

Mes fils de la rue à Addis-Abeba, Jacqueline Pirenne.

SUR L'ENFANCE EN AMÉRIQUE DU SUD

Brésil, la guerre des enfants. Les mineurs assassinés, Gilberto Dimenstein, co-traduction Jane Hervé.

Les Petites Filles de la nuit. Prostitution et esclavage au Brésil, Gilberto Dimenstein, co-traduction Jane Hervé.

Enfants perdus du Brésil, Henri Engelmann.

Au plus petit d'entre les miens. Les gamins de Colombie, Christophe Pélissié du Rausas.

SUR L'ENFANCE AU MOYEN-ORIENT

L'Enfant du Liban, Père Mansour Labaky. (Prix de l'Académie des Sciences morales et politiques 1987, Prix Saint-Exupéry/Valeurs Jeunesse 1987, Prix Francophonie 1987, « Mention spéciale » du Jury des Droits de l'Homme 1987.) Traduit en allemand, anglais, italien et arabe.

Mon vagabond de la lune, Père Mansour Labaky. (« Mention spéciale » du Jury pour le Prix Saint-Exupéry/Valeurs Jeunesse 1988, Prix France-Liban 1988, Prix Lire-Élire 1989.) Traduit en anglais, italien et arabe.

SUR L'ENFANCE EN ASIE

Fils de l'I-sân, Kampoon Boontawee.

L'Enfer où Dieu prenait soin de nous ou quatre ans sous Pol Pot, Rany Chan.

Philippines : les enfants du mépris, Jean Dallais et Élise Fischer.

Moisson fragile. Les enfants du docteur Hoa, Jacques Danois.

Les Anti-Trottoirs de Manille. Pierre Tritz, père des enfants de la rue, Jean-Claude Darrigaud.

Les Enfants du Mékong, Jean-Claude Darrigaud et Jean-Claude Didelot. (Sélection France Loisirs.)

Les Enfants de Thai Binh. Nostalgies provinciales (Tome I), Duyên Anh.

Les Enfants de Thai Binh. Dans la tourmente (Tome II), Duyên Anh.

La Colline de Fanta, Duyên Anh.

Prisonnier de l'Angkar, Henri Locard et Mœung Sonn.

Les Enfants du Palais blanc. De l'Orient à l'Occident, Somboun Narpoolmin.

Les Petits Moissonneurs de forêt, Christian Petit. (Prix de l'Unicef 1997.)

Les Petits Chiffonniers de Phnom Penh. Poussières de vie (Tome I), Jean-Claude Pomonti.

Les Enfants de la guerre. Poussières de vie (Tome II), Jean-Claude Pomonti.

L'Enfant de la rizière rouge, Sor Sisavang. (Prix Saint-Exupéry/Valeurs Jeunesse 1990, Prix Francophonie 1990, Prix Gabrielle-d'Estrées 1990, Prix Pavie de l'Académie des Sciences d'Outre-Mer, Sélection du Grand Livre du Mois, Sélection France Loisirs.)

Enfances thaïlandaises, Pira Sudham.

Du Mékong à la Seine. Le prix de la liberté, Trân Van Thêu.

La Jeune Captive du Pathet Lao, Souvannavong V. (Prix Tropiques 1996.)

Iqbal, l'enfant esclave, Richard Werly. (Hors collection.)

Nos filleuls d'Asie, Richard Werly et Marie-Sophie Boulanger.

La Pagode aux enfants, Paul-Yves Wéry. (Sélection du Grand Livre du Mois.)

SUR L'ENFANCE EN URSS

Maîtresse, Dieu existe. Les enfants dans l'étau de l'athéisme soviétique, Sergiu Grossu.

SUR L'ENFANCE EN EUROPE

Enfance en danger

L'Enfant du Bois de Boulogne (lecture exclusivement réservée aux adultes), Alexis. (Sélection du Grand Livre du Mois.)

Eaux amères, Germain Bourhis.

L'Ortie (lecture exclusivement réservée aux adultes), Arielle Caisne. (Sélection du Grand Livre du Mois, Sélection France Loisirs, Sélection J'ai lu.)

Enfants mannequins, Servane Cherouat.

Qui me jettera la première pierre ? (lecture exclusivement réservée aux adultes), Christine. (Sélection du Grand Livre du Mois, Sélection France Loisirs, Sélection Gabrielle-d'Estrées.) Traduit en italien et polonais.

L'École souillée, Éliane Colson-Baerts. (Sélection du Grand Livre du Mois.)

Lâche ta drogue et tiens bon !, Sophie Daoût. (Sélection France Loisirs.)

Demain j'arrête la came ! Christine comme une étoile, Sophie Daoût. (Sélection France Loisirs.)

Les Enfants des sectes, Hayat El Mountacir. (Sélection France Loisirs.)

Ados derrière les barreaux, René Mouysset.

La Cassure de l'inceste, Jane Hervé.

La Prison... et après ?, Véronique Merci.

Un prêtre chez les drogués, Pierre de Parcevaux. (Sélection du Livre de Poche.) Traduit en espagnol et allemand.

Le Silence des coups, Lorène Russell. (Sélection du Grand Livre du Mois, Sélection France Loisirs.)

Famille, adoption, divorce

«*Adopte-moi quand même...*», Josette Dufour. (Sélection du Grand Livre du Mois, Sélection France Loisirs.)

Apprivoiser l'absence. Adieu mon enfant, Annick Ernoult-Delcourt.

Deux maisons pour rien, Père Mansour Labaky. (Prix de la Famille 1991 décerné par la Fédération de Paris des AFC.) Traduit en polonais.

Mon fils est né au ciel, Michel Laroche et Marie Borrel.

Enfants de la guerre, orphelins

L'Envol des Aiglons, István Regöczi.

AU-DELÀ DES FRONTIÈRES

Handicaps et santé

Le Dernier Regard de Jonathan, Valérie Bailey.
Mon enfant citadelle, Thérèse Firino-Martell. (Hors collection.)
La Vie entre parenthèses, Danielle Gonzales. (Sélection France Loisirs.)
Les Enfants infirmes moteurs cérébraux. Des enfants avant tout, Catherine Guéroult. (« Mention spéciale » du Jury Perce-Neige 1991.)
Les Enfants du sida, Jane Hervé.
Les Enfants myopathes, Yolaine de Kepper.
Ces enfants « mongoliens ». La réponse de l'amour, Jean Toulat. Traduit en espagnol.

Survivants, réfugiés et exclus

Leur silence est un cri, Marie-Christine Choquet et Benoît Richard.
Quand l'exclu devient l'élu. Vie partagée avec les sans-abri, Michel et Colette Collard-Gambiez.
Passeport pour l'amitié, Jacques Danois.
Frères dans la rizière, Jacques Danois.
Les Survivants du centre-ville. Visages de la rue, Patrick Giros, Bernard Sarrazin et Bruno Bachelet.
Le Festival de la galère ou l'itinéraire du Père Hubert, Gilbert Schlogel.

QUELQUES OUVRAGES DOCUMENTAIRES ET OUTILS DE TRAVAIL

Guide Jeunesse. 1 000 mouvements, associations, organismes, centres, foyers, communautés, écoles, François Marie Algoud.
L'Exploitation sexuelle des enfants. Analyse du problème – Des solutions courageuses, Bureau international catholique de l'Enfance, par Florence Bruce.
Sans toit ni frontière. Les enfants de la rue, Bureau international catholique de l'Enfance, présenté par Marie-Jeanne Coloni.
L'Enfant au travail, Étude du Bureau international du Travail, par Assefa Bequele et Jo Boyden.
L'Enfant sans droits, Alfredo Carlo Moro.
Feu sur l'enfance, Élise Fischer.
Pour l'enfant. Un code de vie, Georges Grinda avec la participation de Jacques Danois.

L'espérance au bout de l'écran !

Pour :

- avoir des informations sur le monde de l'enfance meurtrie,
- mieux connaître les ouvrages de la collection,
- prendre connaissance des dernières nouveautés,
- rencontrer les auteurs des ouvrages (conférences),
- recevoir le catalogue et ses mises à jour,
- commander les ouvrages du catalogue,
- dialoguer avec le directeur de la collection,

un outil simple, efficace, disponible 24 h/24 :

le service Minitel

3615 code EPHATA*EDF

Achevé d'imprimer en avril 1999
sur presse Cameron
par **Bussière Camedan Imprimeries**
à Saint-Amand-Montrond (Cher)
pour le compte de la Librairie Arthème Fayard
75, rue des Saints-Pères – 75006 Paris

35-29-0498-02/2

ISBN 2-213-60298-0

Dépôt légal : avril 1999.
N° d'Édition : 5566. – N° d'Impression : 991911/4.

Imprimé en France